Im Verbundenheit

herzlichst Brigitte Bariss

Brigitte Binas

Wenn das Herz blutet und die Seele weint

Tagebuch einer Mutter

FRIELING

*Die Schreibweise in diesem Buch entspricht den Regeln der alten
Rechtschreibung.*

Bibliografische Information der Deutschen Bibliothek
Die Deutsche Bibliothek verzeichnet diese Publikation in der Deutschen
Nationalbibliografie; detaillierte bibliografische Daten sind im Internet
über http://dnb.ddb.de abrufbar.

© Frieling-Verlag Berlin • Eine Marke der Frieling & Huffmann GmbH
Rheinstraße 46, 12161 Berlin
Telefon: 0 30 / 76 69 99-0
www.frieling.de

ISBN-10   3-8280-2387-8
ISBN-13   978-3-8280-2387-1
1. Auflage 2006
Umschlaggestaltung: Michael Reichmuth
Sämtliche Rechte vorbehalten
Printed in Germany

Brigitte Binas

•

Wenn das Herz blutet und die Seele weint

Begonnen an dem Tag,
als ich keinen Ausweg mehr wußte

31. Oktober 1983

Ich werde diesen Tag nie vergessen. Er hat sich mir unauslöschlich ins Herz gebrannt. Meine Seele leidet seitdem Höllenqualen. Ich weiß nicht, wie ich weiterleben kann.

Bis zu diesem Tag war meine kleine Welt, mein Leben völlig in Ordnung. Ich habe nie gefragt, ob ich glücklich bin oder nicht. Es war gut so, wie es war. Alles verlief ohne besondere Höhen oder Tiefen, ausgenommen die Geburt meiner Tochter. Diese war der schönste Augenblick in meinem Leben. Ich habe mir nie vorstellen können, daß es plötzlich anders kommen könnte, jeden Gedanken daran stets verdrängt. Unglück, Leid, Tod waren für mich Begriffe, die ich nicht wirklich mit fühlbarem Inhalt füllen konnte. Damit war ich persönlich bis zu diesem Tag nie in Berührung gekommen. An diesem Tag begann die Tragödie meines Lebens, geschah das Schlimmste, was mir passieren konnte. Meine Tochter verunglückte so schwer, daß sie drei Tage danach an ihren Verletzungen starb. So ist nun auch der traurigste Tag meines Lebens mit meinem Kind verbunden.

Ich habe nie in meinem Leben ein Tagebuch geschrieben. Ein paar Wochen danach habe ich mich entschlossen, es zu tun, weil ich keinen anderen Ausweg wußte. Ich merkte, wie sich mein Verstand gegen das Geschehene wehrte, ich mir immer wieder

Fragen stellte nach dem Warum, und wie ich lernen kann, mit diesem unabänderlichen Schicksalsschlag weiterzuleben. Mein Geist arbeitet seit diesem Tag so wach wie nie vorher. Es ist, als will er meinem Herzen und meiner kranken Seele helfen, wieder gesund zu werden, sich dem Schmerz und dem Leid zu stellen, sich damit auseinanderzusetzen.

Nun muß ich die Ereignisse der letzten Wochen ab dem 31. Oktober nachvollziehen. Es fällt mir seelisch schwer, aber geistig nicht, weil ich mich sehr genau an alles erinnern kann, alles wie ein Film immer wieder vor meinem geistigen Auge abläuft.

An diesem Montag morgen habe ich meine Kerstin schon gegen fünf Uhr geweckt. Sie wollte nach Johanngeorgenstadt im Erzgebirge fahren, wo sie sich in der Berufsausbildung befand, um dort an einer Versammlung teilzunehmen. Mit blassem Gesicht lag sie in ihrem Bett, und es fiel mir schwer, sie zu wecken. Ich hätte ihr den Tag Ruhe so gegönnt. Am Freitag abend war sie von einer längeren Etappe der praktischen Ausbildung von einer Bohranlage nach Hause gekommen, abgespannt und müde. Noch am Freitag abend suchte sie nach geeigneten Zuganschlüssen, um am Montag abend rechtzeitig wieder in Berlin zu sein, denn am Dienstag früh sollte sie wieder nach Stralsund zur nächsten Etappe der Ausbildung fahren. Ich war in der Küche damit beschäftigt, uns das Abendbrot zuzubereiten, und war gerührt darüber, wie diszipliniert sie nach den machbaren Möglichkeiten suchte. Kein Aufbegehren gegen soviel Streß. Das war ganz meine Kerstin. Wie war ich stolz auf sie.

Eine innere Stimme sagte mir, geh zu ihr, sage ihr, daß sie nicht fahren soll. Ein Anruf am Montag hätte genügt. Aber ich sagte es nicht. Da war dieses Pflichtbewußtsein, zu dem ich sie ja immer erzogen hatte. Mein Herz und mein Verstand hatten mich gewarnt. Aber ich hörte nicht auf diese innere Stimme. Ich ergriff die einzige Chance nicht, die ich hatte, um das Unglück zu verhindern. Und das aus übertriebenem Pflichtgefühl. Diesen Vorwurf werde ich mir immer machen. Beim Gedanken daran habe ich ein großes Schuldgefühl, verkrampft sich mein Herz. Ach, könnte ich die Uhr doch einmal, nur einmal in meinem Leben zurückstellen, diese Minuten noch einmal mit ihr leben und alles besser machen – dafür würde ich *alles* geben.

Ich sagte die Worte nicht, die sie davon abgehalten hätten weiterzusuchen, und so fand sie noch einen Zug, mit dem sie gegen 16 Uhr schon wieder in Johanngeorgenstadt abfahren mußte, um den letzten Zug nach Berlin in Leipzig noch zu bekommen. Ankunft in Berlin gegen Mitternacht. Da blieb noch Zeit für ein paar Stunden Schlaf.

Mit einem Streicheln über dieses liebe Gesicht weckte ich sie also am Montag früh, machte ihr das Frühstück, half ihr noch beim Wegräumen ihres Bettes, küßte sie auf die Wange und verabschiedete mich von ihr wie immer mit dem Hinweis „Paß auf dich auf" und: „Bis heute abend". Sie gab mir den Kuß zurück und ihr „Tschüß, Mami" waren die letzten Worte und die letzte wirkliche reale Begegnung mit meinem Kind. Ich legte mich noch einmal ins Bett, weil ich noch etwas Zeit hatte, und sagte ihr noch, daß sie nicht noch einmal hereinschauen muß, wenn sie geht, um sich noch einmal zu verabschieden, denn ich glaubte doch, sie am Abend wiederzusehen. Ich war dann auch schon wieder leicht eingeschlummert, als ich die Wohnungstür ins Schloß fallen hörte. Dieser harte Knall hatte etwas Endgültiges, löste in mir einen Impuls aus, als müßte ich noch einmal aufstehen, zu ihr gehen. Aber im nächsten Moment beruhigte ich mich selbst, sagte mir, bis heute abend, dann siehst du sie ja wieder.

Aber sie ging, um nie wieder nach Hause zu kommen! Sie ging für immer.

Seit meine Tochter auf der Welt war, hatte ich keinen sehnlicheren Wunsch als den, daß es ihr immer gutgehen möge und ich nie mein Kind überleben muß. Seit sie begann, auch schon allein ihre Wege zu gehen, allein etwas zu unternehmen, begleitete sie immer mein Wunsch „Paß auf dich auf". Wenn ich einmal keine Gelegenheit hatte, es ihr zu sagen, begleitete mich das Gefühl, etwas Wichtiges versäumt zu haben, blieb die Angst so lange, bis sie wieder gesund bei mir war. Ich versuchte meine Angst um sie stets mit Selbstdisziplin in den Griff zu bekommen, war bemüht, sie deshalb nicht einzuengen. Sie kannte meine ständige Sorge um sie, aber mußte sie auch die Angst kennen, die ich mir in ihrer Abwesenheit um sie machte? Nein, sie sollte unbeschwert aufwachsen. Hörte ich die warnenden Stimmen in mir deshalb nicht, weil ich wieder einmal zu diszipliniert mit mir selbst umgegangen bin? Ich hätte sie noch an diesem Morgen zurückhalten können, habe es aber nicht getan.

Dieser Arbeitstag verlief für mich wie jeder Montag vorher. Gegen 20 Uhr war ich zu Hause, ganz eingestellt auf die erste vorbeugende Kur, die für mich am nächsten Tag in Zinnowitz an der Ostsee beginnen sollte. Kerstin und ich, wir wollten mit dem gleichen Zug bis Züssow gemeinsam fahren und hatten uns schon sehr auf diese Fahrt gefreut. Seit sie in der Berufsausbildung Geologiefacharbeiter mit Abitur stand, war sie wenig zu Hause: Theorieausbildung in Johanngeorgenstadt, praktische Ausbildung auf den Bohranlagen oder in Strahlsund. Oft sah ich sie drei Wochen lang nicht. So waren unsere gemeinsamen

Stunden sehr rar geworden. Sie waren etwas Besonderes, und wir genossen sie sehr.

In Vorfreude auf das Kommende war ich den Abend damit beschäftigt, meinen Koffer zu packen und Kerstins Sachen für die nächste Zeit bereitzulegen. Vor 24 Uhr konnte ich nicht mit ihr rechnen.

Gegen 23.45 Uhr klingelte es bei uns. Ich meldete mich über die Sprechanlage. Es meldete sich die Polizei. Ich glaubte in diesem Moment nicht, daß etwas mit Kerstin sein könnte. Mein Mann erkundigte sich, worum es geht. Erst als der Polizist sagte, es handele sich um unsere Tochter, verkrampfte sich mein Herz. Ich war wie gelähmt. Da die Haustür bereits abgeschlossen war, ging mein Mann nach unten. Ich stand zitternd im Flur, die Zeit kam mir unendlich lang vor. Ich flehte, es möge nichts Schlimmes geschehen sein. Er kam mit einer Telefonnummer zurück, die wir in Leipzig anrufen sollten. Ich tat es. Es meldete sich die Chirurgische Klinik der Karl-Marx-Universität Leipzig. Man teilte mir nur kurz mit, daß unsere Kerstin dort nach einem Unfall eingeliefert worden war, und wir sollten nach Leipzig kommen. Ich wollte mehr wissen, aber man sagte mir nur, daß sie unter den Zug gekommen sei, mehr könne man mir am Telefon nicht sagen. Ich wollte wissen, ob sie noch lebte, nicht wie schwer sie verletzt war, denn ich spürte, daß in diesem Fall die

Verletzungen schwer sein müßten. Man bestätigte mir, daß sie lebte, mehr nicht.

Ich war wie erstarrt und konnte keinen klaren Gedanken fassen. Erst als der erste Schock etwas nachgelassen hatte und ich spürte, daß das Blut wieder durch meine Adern floß, fing ich an zu frieren und hatte Angst, daß es mir gleich noch schlechtergehen würde. Nur jetzt nicht!

Ich mußte stark bleiben, ich wollte unbedingt so schnell wie möglich nach Leipzig. Ich bewegte mich wie an einem Abgrund, nichts war mehr wichtig. Ich wollte nur zu ihr, zu meinem Kind, nur bei ihr sein, sie festhalten, ihr helfen. Wir werden es gemeinsam schaffen! So war es bisher doch immer. Lieber Gott, wenn es dich dort oben wirklich gibt, dann laß sie leben, laß das Schlimmste nicht zu, nimm mir nicht mein Kind! Wenn ich es verdient habe, dann bestrafe mich anders, aber nimm mir nicht mein Kind!! Nimm mir nicht meine Kerstin!!! Es war nicht nur eine Bitte, es war ein heißes Flehen, ein Schrei in mir. Sie ist doch ganz unschuldig, fast noch ein Kind! Sie hat es doch verdient zu leben!!!

Mein Mann gab mir Beruhigungstabletten, danach erkundigte er sich nach dem nächsten Zug nach Leipzig, drei Uhr morgens, rief in seiner Dienststelle an. Mich erwartete am nächsten Tag niemand wegen der Kur. Wie mechanisch packte ich für Kerstin Nachthemden, Handtücher und Waschutensilien ein. Die Tabletten ließen mir keinen Raum zum logischen Denken, sie taten ihre Wirkung sehr schnell. Ich wußte gar nicht, daß wir so etwas zu Hause hatten. Ich fühlte mich innerlich leer, die Angst hatte mir das Herz zugeschnürt. Ich nahm kaum wahr, was um mich herum geschah, hatte kein Zeitgefühl mehr.

1. November

Im Zug saßen wir uns gegenüber, mein Mann und ich, berührten uns nicht, sprachen kaum miteinander. Ich vermißte es auch nicht. Ich hatte das Gefühl, daß mir sowieso niemand helfen konnte in meiner Angst und Sorge.

Während der ganzen Fahrt überlegte ich nur, was geschehen sein könnte, und dann fiel mir ein, daß ich für Kerstin keine Hausschuhe eingepackt hatte. Aber dann kam sofort der Gedanke, daß sie diese vielleicht nicht brauchen würde, weil ja auch Verletzungen an den Beinen sein könnten. Ich weiß nicht, wie die Zeit verging zwischen Dahindämmern und leichtem Schlaf. Wegen eines Defektes hatte der Zug auch noch Verspätung, so daß wir erst gegen neun Uhr in der Klinik ankamen.

In mir war alles angespannt. Ich mußte mich bewegen, mußte gehen. Nur der Gedanke an mein Kind gab mir die Kraft dazu. Ich nahm aus der Umwelt kaum etwas wahr, außer daß es etwas mit meiner Tochter zu tun haben könnte. Schon auf dem Bahnhof in Leipzig traute ich mich kaum aufzusehen, aus Angst, jemand könnte mir etwas ganz Schlimmes mitteilen, das in der vergangenen Nacht hier passiert war. In der Klinik starrte ich der Pförtnerin ins Gesicht, als könnte ich dort ablesen, was geschehen war. Aber sie zeigte uns nur den Weg, der zur Wachstation führte. Er erschien mir endlos lang. Wir sollten in einem Raum warten. Ich setzte mich und spürte erst jetzt, wie weich mir die Knie waren.

Ein Arzt, in unserem Alter vielleicht, kam herein, gab uns die Hand und stellte sich mit dem Rücken ins Fenster. Obwohl das Licht von hinten auf ihn fiel, konnte ich sein Gesicht genau sehen. Mein ganzer Blick hing angstvoll und flehend auf diesem Gesicht (ich werde es wohl nie vergessen), als er uns dann folgende Mitteilung machte, die wie Keulenschläge auf mich wirkten: „Ihre Tochter ist gestern abend mit dem Rettungsdienst hier bei uns eingeliefert worden. Sie ist auf den anfahrenden Zug aufgesprungen, abgerutscht, unter den Zug gekommen und von den hinteren Rädern des letzten Wagens überfahren worden. Dabei sind ihr beide Bei-

15

ne abgefahren worden, eines am Oberschenkel, das andere unterhalb des Knies. Ansonsten konnten wir keine Verletzungen feststellen. Als sie bei uns eingeliefert wurde, war sie klinisch bereits tot. Wir haben reanimiert, mußten 40 Bluttransfusionen vornehmen, haben dann operiert. Sie reagierte danach auf unser Ansprechen mit einer leichten Kopfbewegung. Sonst keine Reaktion. Die Hoffnung ist sehr gering. Wir wissen auch nicht, inwieweit das Gehirn durch den klinischen Tod bereits Schaden genommen hat, wie lange es nicht durchblutet war."

Mit jedem Wort, das er sprach, und ich merkte, es fiel ihm immer schwerer, er konnte mir auch nicht mehr ins Gesicht sehen, stockend kamen die Worte, sank ein Stück meiner Hoffnung dahin. Ich fühlte einen schweren Druck in der Herzgegend, das Atmen fiel mir schwer. Ich hatte nur den einen Wunsch, zu meiner Tochter zu gehen. Auf meine diesbezügliche Bitte nahm ich nur ein Kopfschütteln des Arztes in Richtung meines Mannes wahr. Es sei nicht gut, auch wäre sie ja nicht bei Bewußtsein. Man würde uns telefonisch auf dem laufenden halten, uns benachrichtigen, wenn eine Änderung ihres Zustandes eintreten würde. Danach bekam ich von der Schwester auf Anordnung des Arztes zwei weitere Beruhigungstabletten, die ich brav schluckte.

Nur nicht daran denken müssen, das Unfaßbare

begreifen und auf das Schlimmste gefaßt sein müssen! Wir sind gegangen, ohne meine Kerstin gesehen zu haben. War es Feigheit oder Selbstschutz? Wollte ich dem Furchtbaren, Unabänderlichen einfach nicht ins Auge sehen, in der Hoffnung, wenn ich sie wiedersehe, ist alles vielleicht gar nicht so schlimm? Ich glaube eher, es war Selbstschutz. Ich hatte Angst, es nicht zu überstehen, mein Kind so verletzt und hilflos zu sehen, ohne helfen zu können. Vielleicht war es auch beides.

Beim Hinausgehen bat ich den Arzt noch, alles nur Denkbare für unsere Kerstin zu tun. Seine Antwort überzeugte mich: „Das ist das mindeste, was wir tun können, es könnte ja auch meine Tochter sein. Sie können sich darauf verlassen." Man gab uns einen Sack mit Kerstins Kleidung mit. Das sei so üblich, weil kein Platz in den Schränken sei.

Beim Aufstehen und Hinausgehen glaubte ich, keinen Boden unter den Füßen zu haben. Ich befand mich in einem unerklärlichen Schwebezustand. Das Straßenlicht empfand ich wie grelles Blitzlicht und nun dankbar die Hand meines Mannes an meinem Arm. Sie gab mir den notwendigen Halt. Ich wunderte mich, daß meine Füße bei dem Schmerz, den ich empfand, überhaupt gehen konnten.

Wie wir in die Wohnung des Bruders meines Mannes kamen, weiß ich nicht mehr. Ich kann mich nur erinnern, daß wir zwischendurch noch in seiner Dienststelle waren, um alles mit ihm zu bereden. Er sagte, daß er bereits von dem Unfall erfahren hatte, alles auch in der Tageszeitung stand, er jedoch nicht ahnen konnte, daß das Geschehen so in seine Familie hineinreicht. Selbstverständlich könnten wir hier in Leipzig bleiben, uns in seiner Wohnung aufhalten, solange es nötig sein würde.

Ich konnte nur denken: Viele Menschen wissen es, viele erfahren davon als Unbeteiligte. Warum gerade meine Kerstin?! Warum kann ich nicht auch „danebenstehen"?

2. November

Wir waren von Dienstag bis Donnerstag in dieser Wohnung. Ich kann mich an nur weniges erinnern. Die meiste Zeit habe ich im Kinderzimmer zugebracht, auf der Liege schlafend oder im Dämmerzustand. Ich war nicht fähig zu sitzen, zu stehen, zu gehen oder mit jemandem zu sprechen. Es gab nichts zu sagen. Dazwischen Einnehmen von Tabletten, die mir mein Mann gab, ab und zu ein wenig essen (ich hatte dazu überhaupt kein Bedürfnis, weiß nicht, was ich aß, tat es nur zum Gefallen der anderen), danach wieder Schlaf und in den wenigen wachen Momenten das Hochzeitsbild der Nichte meines

Mannes auf dem Wandbrett über der Liege und die hellwache Erkenntnis: So wirst du deine Kerstin nun wohl nie erleben. Aber sie hatte sich doch gerade das erste Mal so richtig verliebt, war voller Begeisterung und Freude auf das Leben. Nicht daran denken! Das ging über die Kraft, schlafen, nur schlafen, nicht denken und begreifen müssen. Zu diesem Zeitpunkt hatte ich noch ein wenig Hoffnung, sie bald lebend wiederzusehen. „Die Hoffnung stirbt doch zuletzt!" Warum rufen sie nicht an, was geschieht mit meinem Kind?

Am Mittwoch nachmittag, allein in der Wohnung. Mein Mann mußte nach Berlin fahren, um einiges zu regeln. Beim Gang zur Toilette am Spiegel im Flur vorbei. Ein fremdes Gesicht sah mir entgegen ohne Farbe, fast durchsichtig, die Augen in diesem Gesicht unnatürlich groß und dunkel. Die Kleidung paßte nicht mehr, alles war zu groß. Aber was bedeutete das schon? Es war alles so unwirklich, so nebensächlich gegenüber dem Schmerz, den ich empfand. Mein Äußeres war mir so egal. Ich war mir selbst so fremd geworden.

3. November

Am Donnerstag morgen kam dann endlich der Anruf aus der Klinik, daß wir kommen sollten. Wir fuhren in die Klinik. Mein Mann war gerade mit einem Auto aus Berlin zurückgekommen. Man bat uns in einen anderen Raum, wo schon mehrere Ärzte anwesend waren. Mein Blick ruhte auf einem älteren Herrn, der sich dann auch als Professor ... (ich habe mir den Namen nicht gemerkt) vorstellte und uns dann die Mitteilung machte, daß unsere Tochter in der letzten Nacht verstorben sei, ohne noch einmal zu sich gekommen zu sein. Sie sei aus dem Schockzustand nicht herausgekommen. Die Nieren hätten versagt. Meine einzige hörbare Reaktion: „Nun hat alles sowieso keinen Sinn mehr, nun ist alles aus. Bitte, ich möchte meine Tochter noch einmal sehen." Aber auch jetzt rieten die Ärzte davon ab. Ich solle sie in Erinnerung behalten, wie sie war. Und ich ließ es mir gefallen und hörte auch dieses Mal wieder auf die Ärzte und meinen Mann. Ich ließ es mir einfach gefallen!! Mein Mann sprach noch mit einem Arzt, ging dann mit ihm hinaus. Eine Schwester bemühte sich um mich, gab mir auf Anordnung des Arztes wieder Tabletten. Meine Frage an sie, ob meine Tochter gewußt hätte, was mit ihr geschehen war, beantwortete sie mir so: „Ich glaube nicht, wir hatten ja einen Vorhang dazwischen." Sie zeigte dabei auf die Mitte des Körpers. Diese Worte haben mich verfolgt, sind mir nicht aus dem Sinn gegangen, haben mich gequält, haben alle meine Zweifel geschürt, ließen mich nicht zur Ruhe kommen. War sie wirklich nicht mehr zu sich gekommen? Hatte man wirklich alles für mein Kind getan? Hätte ich ihr helfen können, wenn ich zu ihr gegangen wäre, wenn ich nicht auf die Ärzte gehört hätte? Habe ich hier versagt, egoistisch gehandelt, aus Angst, den Anblick nicht ertragen zu können? Ich werde lange nach einer Antwort suchen müssen, wenn mir die Zeit dazu bleibt. Auf die Frage an meinen Mann, was draußen besprochen wurde, erklärte er mir, daß der Professor ihm mitgeteilt hätte, daß man aus Berlin extra ein Ärzteteam geschickt und wirklich alles für sie getan hätte. Aber da waren sie wieder, diese Fragen: Warum so viele Ärzte, sie war doch nichts Besonderes, ob man vielleicht ihr Herz für eine Organspende benötigte?

Welche Gedanken gingen mir da durch den Kopf!! Und das alles mit meinem Kind!! War es wirklich besser so als ein Kind im Rollstuhl und evtl. geistig geschädigt? Aber sie wäre noch am Leben, und ich könnte noch soviel für sie tun. Jetzt bleibt nichts mehr für mich zu tun. Nichts ist mehr mitzunehmen, außer diesem Sack im Auto und den Papieren und dem Schmuck, den sie getragen hatte. Dinge von Kerstin, unbestreitbar, wirklich. Wären sie nicht, würde ich alles nicht glauben. Sie ist am Montag gegangen und kommt wieder. Alles ist nur ein böser Traum!

Gedanken, die mich auf der Heimfahrt immer wieder beschäftigten zwischen Wachen und Schlafen. Wir fuhren zuerst in die Dienststelle meines Mannes, ließen den Papiersack und die Kleidungsstücke von Kerstin dort in der Sanitärstelle. Ich bin dankbar dafür, hätte sie nicht ansehen können.

Dann nach Hause. Mein Mann mußte noch einmal weg, angeblich um einiges zu klären. Es sind viele Dinge zu erledigen: Überführung, Beisetzung. Später erfuhr ich dankbar, daß alles von einer Kollegin in der Dienststelle meines Mannes erledigt wurde.

Ich war allein in der Wohnung. Die Tür zum Kinderzimmer stand wie immer offen. Als ich gegangen bin, war noch Leben in diesem Zimmer. Jetzt bin ich wiedergekommen, und alles ist tot. Erdrückend spürte ich die Stille, die Leere, die Hilflosigkeit, die Verlassenheit, eine unbeschreiblich schmerzvolle Sehnsucht. Bis zu Kerstins Liege schaffte ich es noch. Dann endlich die erlösenden Tränen.

Ich habe noch nie in meinem Leben so geweint. Wimmernd brach alles aus mir heraus. Herzzerreißend weinte ich mir „die Seele aus dem Leib". Schmerzen am ganzen Körper! Es war, als ob sich jeder Teil meines Körpers vor Schmerzen aufbäumte und zu zerbersten drohte. Mein Herz blutete, und meine Seele lag weinend am Boden. Wie lange? Ich weiß es nicht. Irgendwann hatte ich keine Tränen mehr, empfand ich nur dankbar die Sanftheit, mit der meine Seele wieder zu mir zurückfand. Eine große Mattigkeit und Müdigkeit machte es mir unmöglich aufzustehen. Sich einfach fallenlassen, ins Ufer- und Endlose, nicht mehr denken und aufwachen müssen.

Ich glitt hinüber in einen traumlosen Schlaf und erwachte erst am späten Abend, als es draußen bereits dunkel war. Sofort war der große Schmerz wieder allgegenwärtig. Er umgab mich wie ein schwerer dunkler Mantel, dem ich nicht entrinnen konnte. Das ist doch alles nicht Wirklichkeit! Wo ist meine Kerstin? Lieber Gott, bitte hör auf, mich so zu quälen! Wie ein zusammengerolltes Bündel lag ich hilflos auf *ihrem* Bett. Mir war so kalt. Nichts wärmte mich von innen und auch nichts von außen. Ich war noch alleine, registrierte es einfach, empfand darüber weder Freude, noch bedauerte ich es. In mir war kein Platz und auch keine Kraft mehr für noch mehr Traurigkeit. Das, was ich empfand, war nicht mehr zu überbieten.

Ich schaffte es nur noch bis zum Schlafzimmer und in mein eigenes Bett. Ich wollte nur wieder schlafen, um an nichts denken zu müssen. Die Tabletten halfen mir, den alles zudeckenden Schlaf schnell zu finden, wieder für ein paar Stunden diese trostlose Wirklichkeit zu vergessen.

4. November

Meine Mutter und mein Bruder kamen aus Ilmenau.
Mein Mann hatte von Leipzig aus nur meinen Bruder gleich nach dem Unfall verständigt und war mit ihm ständig in Verbindung gewesen. Meine Eltern, Schwester mit Familie und Kerstins leiblichen Vater und ihre Großeltern in Magdeburg hatte mein Bruder erst am Donnerstag, nachdem Kerstin gestorben war, informiert. Er wollte ihnen die vielen leidvollen Stunden der Ungewißheit ersparen.

Mir ist von diesem Wochenendbesuch nur in Erinnerung geblieben, daß ich versucht habe, meine Mutter zu trösten, aber selbst keinen Trost erhalten habe, weil das nicht möglich war.

Aber es war wohltuend, meine Mutter bei mir zu haben, in ihrer Umarmung ihre Fürsorge und Wärme zu spüren. Sie schaffte es für kurze Zeit, den mich umgebenden Eispanzer zu durchbrechen. Aber es war auch sehr, sehr anstrengend. Reden müssen, wenn ich gefragt wurde, obwohl ich doch lieber geschwiegen hätte. Das Geschehen hatte mir „die Sprache verschlagen". Ich hatte für das, was geredet wurde, was die anderen beschäftigte, kein Interesse. Das war die Welt „da draußen", die mir fremd und unerträglich geworden war, mir weh tat, aus der ich entfliehen wollte, weil sie mir keine Luft zum freien Atmen mehr ließ. Von Kerstin reden wollte und konnte ich nicht. Es tat zusätzlich weh, war mir unerträglich, wie das Bohren in einer offenen Wunde. Mein Leben hatte sowieso allen Sinn verloren. Ich wollte nur schlafen, hinter meinem schwarzen Vorhang verschwinden und nicht wieder aufwachen.

5. November

Meine Mutter wollte unbedingt mit mir ins Warenhaus gehen, eine Bluse kaufen. Trauerkleidung! Ich sah keinen Sinn darin. Aber es mußte wohl sein. Also ging ich brav mit, um ihr den Gefallen zu tun. Wir fanden auch eine geeignete, schwarz mit ganz kleinen weißen Punkten, angenehm auf der Haut. Ich empfand das sehr stark. Warum war mir gerade das so wichtig? Weil eine kratzende Bluse mein Unwohlsein noch mehr verstärkt hätte? Oder verlangte mein Körper bei all dem Schmerz und Leid nach etwas, das mir endlich wieder einmal guttat?

Meine Mutter und mein Bruder hielten mich in ständiger Bewegung, ständig auch geistig wach. Sie hatten es so gut gemeint, wollten mir sicher über die ersten wohl schwersten Tage ohne meine Kerstin hinweghelfen. Aber je wacher ich war, um so intensiver kamen auch die Erinnerungen an mein Kind, was die Wehmut und damit den Schmerz nur noch verstärkte.

Vor einer Woche erst, auch am Sonnabend vormittag, waren wir beide einkaufen und hatten einen pinkfarbenen Samtpullover glücklich für sie erstanden. Sie hatte sich so sehr darüber gefreut. Unser letzter gemeinsamer Einkauf! Eigentlich hatte ich wenig Zeit, habe ihr dann aber doch den Gefallen getan, weil sie immer großen Wert auf meine Meinung gelegt hatte. Wie froh war ich jetzt darüber, wie dankbar für diese Stunden mit ihr.

Wir hatten unterwegs wieder einmal über vieles sprechen können. Sie hatte mir über ihre Gefühle für Jan erzählt, einen Offiziersschüler bei der Marine, den sie in der kommenden Woche in Stralsund treffen wollte. Sie beschrieb ihn, und ihr Leuchten in den Augen, ihr glückliches Lächeln zeigte deutlich, was sie für ihn empfand. Es war viel mehr, als sie bisher je empfunden hatte.

Sie hatte nie ein Geheimnis um ihre Bekanntschaften gemacht, hatte viele Brieffreundschaften, weil sie gern Briefe schrieb. Aber es war nie mehr als Interesse oder Freundschaft. Nun also hatte sie sich das erste Mal wirklich verliebt. Welche Tragik des Schicksals! Sie wollte wie immer von mir wissen, was ich von ihm halte, zeigte mir ein Bild von ihm. Nach dem, was sie mir erzählte, freute ich mich, ihn bald kennenzulernen. Es war wieder ein Gespräch wie wir es oft führten, freundschaftlich, offen, ehrlich zueinander und in gegenseitiger Achtung und Liebe. Auch das wird es nun nicht mehr geben!

Stück für Stück muß ich alle meine Hoffnungen und Wünsche begraben und damit das, was meinem Leben vor allem Sinn gegeben hatte.

Begraben – ich hatte große Angst vor der Beisetzung! Werde ich die Kraft haben, diesen schweren Weg zu gehen? Ich mußte es durchstehen, mußte auf ihrem letzten Weg hier auf Erden bei ihr sein. Dabei wäre es viel einfacher, ein ganzes Röhrchen von den Tabletten zu schlucken, und alles Leid wäre endlich für immer vorbei. Aber mein Mann trug die Tabletten immer bei sich. Es waren nie mehr als zwei in der Wohnung. Mir wurde nun erst richtig klar: Zukunft und Hoffnung in meinem Leben waren vorrangig mit meinem Kind verbunden. Nun blieb mir fast nichts. Erschreckend für mich, welche unwichtige Rolle mein Mann in meinem Leben spielte! Im August erst hatte ich auch eine neue Tätigkeit an der Akademie begonnen. Die greifbaren Erfolge fehlten noch. Wo war Licht? Es war alles zuviel! Ich wollte nicht mehr denken. Mein Kopf schmerzte an diesem Abend, die Beine wollten mir nicht mehr gehorchen. Ich sehnte mich nur nach Ruhe.

6. November

Meine Mutter und mein Bruder fuhren wieder nach Hause. Mein Mann solle gut auf mich aufpassen, sagten sie ihm beim Abschied. Die Guten! Sie machten sich sicher Sorgen um mich. Aber was bedeutete das schon, aufpassen!? Ich bin doch ein erwachsener Mensch. Wenn ich nicht auf mich selbst aufpasse, glaube ich, konnte das wohl auch kein anderer für mich tun. Wenn ich weiterleben wollte, dann würde ich es auch versuchen, und wenn nicht, dann konnte mich auch niemand dazu zwingen weiterzuleben. Dann würde ich auch dafür Möglichkeiten finden.

Aber was wollte ich eigentlich? Es kamen immer wieder die Gedanken, die mir sagten: Vielleicht ist ja alles gar nicht wahr, vielleicht war das nicht deine Kerstin, du hast sie ja gar nicht gesehen. Du mußt leben, wenn sie wiederkommt!

Meine Mutter war froh, daß mein Mann und ich für die nächsten zwei Wochen bis zur Beisetzung nach Luisenthal im Thüringer Wald in ein schönes Ferienheim fahren durften. Die neue Umgebung sollte Ablenkung bringen. Da wollten wir uns auch in Ilmenau treffen, es liegt nicht weit von dort entfernt. Mir war alles egal. Ich fügte mich, weil ich niemanden in meiner Umgebung kränken oder mit meinem Schmerz unnötig belasten wollte. Was auch immer getan wurde, es fiel bei mir auf keinen fruchtbaren

Boden. Ich befand mich in einem dunklen Loch, aus dem mich niemand befreien konnte. Und ich selbst hatte auch keine Kraft dazu.

Das mußte die Hölle sein. Schlimmer konnte ich sie mir nicht vorstellen. Wie konnte ich ohne meine Tochter weiterleben? Das Blut floß weiter durch meine Adern, mein Herz schlug weiter, so laut, daß ich es ständig mit dumpfen Schlägen in meinen eigenen Ohren hören konnte. Es blutete innerlich, kämpfte tapfer gegen die ungewohnten Ströme an, die der Kummer in mir ausgelöst hatte. Ich hatte sichtbar nur selten Tränen, denn wenn die Seele weint, fließen keine Tränen. Wie ein verletzter Vogel konnte sie nicht mehr schwingen, und ohne ihre Hilfe drückte mich das empfundene Leid gnadenlos zu Boden. Ich spürte den Schmerz nicht an einer Stelle, sondern am ganzen Körper. So muß wohl die Seele im ganzen Körper zu Hause sein, ihn ganz durchströmen. Sie gibt ihm Kraft, und wenn sie krank ist, hat auch der Körper keine Kraft.

Einfach nur sterben. Das wäre viel einfacher, als mit dem Tod meines Kindes zu leben.

7. November

Bevor wir nach Luisenthal fuhren, mußte ich noch den Platz für Kerstins Grab aussuchen. Das war wichtig, es mußte sein. Wir fuhren also zum Zentralfriedhof, mehrere Stellen standen zur Auswahl. Ich entschied mich für eine Stelle am Rand einer Strauch- und Baumgruppe, so als könnte ich meinem Kind damit noch etwas Gutes tun. Hier war sie der Natur, die sie so geliebt hatte, ganz nah.

Der Termin für die Beisetzung: 23. November.

Ich mußte auch noch die Musik auswählen, die zur „Feier" gespielt werden sollte. Das Wort „Feier" bekam für mich plötzlich einen umgekehrten Sinn. Feiern bedeutete für mich bis jetzt Fröhlichkeit. Nun mußte ich begreifen, daß Feiern auch traurig sein konnte. Aber ich konnte nicht begreifen, was es da zu feiern gibt.

Ich entschied mich für „Eine kleine Nachtmusik" von Mozart und die „Träumerei" von Schumann. Musik, über die ich Kerstin u. a. einmal an klassische Musik herangeführt hatte, die sie oft gehört und später geliebt hat. Musik, die ich selbst auch immer wieder mit Freude anhören konnte. Ich wählte sie aus, auch auf die Gefahr hin, sie in Zukunft (wenn es überhaupt eine Zukunft für mich geben würde) nie mehr, oder nur mit traurigen Erinnerungen verbunden, anhören zu können. Aber was ist so ein kleiner Verzicht schon im Vergleich zu dem unvorstellbaren Verzicht auf die lebendige Nähe meines Kindes, ihr Lachen und alles, was ein Mensch ist und zu geben hat.

8. November

Ich hatte in der Nacht von Kerstin geträumt, den ersten Traum nach dem Unfall: Wir gingen beide nebeneinander im Leipziger Hauptbahnhof in Richtung Ausgang. Kerstin links neben mir, rechts von mir die Bahnsteige (der Bahnhof ist ein Sackbahnhof). Ich sagte ihr, daß man mir erzählt hätte, daß sie hier auf dem Bahnhof unter einen Zug gekommen sei und ihr beide Beine abgefahren worden seien, daß man ihr 40 Bluttransfusionen gegeben hätte und ich nicht verstehen kann, was das soll, weil sie doch mit beiden Beinen gesund neben mir läuft.

Sie antwortete mir darauf: Ich verstehe auch nicht, was das soll, Mutti, mir geht es doch gut.

Nach dem Erwachen wußte ich zuerst nicht, was Wirklichkeit war. Nach dem Begreifen der Realität hätte ich mein Leben dafür gegeben, in dieser Traumwelt weiterleben zu dürfen, wo doch alles noch in Ordnung war.

Luisenthal

Ich hatte mir für die Reise ein „Atoll"-Deodorant und eine Körperlotion gekauft. Es tat mir so gut, den Duft zu riechen und mir beim Eincremen sanft über die Haut zu streichen, die glatte Haut zu berühren.

Dabei spürte ich einen Hauch von Sehnsucht nach innerem Frieden, nach etwas Wohlgefühl, vielleicht auch nach Liebe.

Wir waren zwei Wochen in Luisenthal. Woran kann ich mich noch erinnern? Es gibt nur wenige Eindrücke, die haftengeblieben sind: Eine Unterkunft, die ich trotz allem als angenehm empfand, auch weil sie für mich Luxus war. Ein Appartement mit Farbfernseher, eine ruhige Atmosphäre im ganzen Haus, vorwiegend ältere Menschen, herbstliche Wälder. Ich glaube, vorwiegend schönes sonniges Wetter.

Ich war so verwundbar und wollte am liebsten nie aus dem Sessel aufstehen, in dem ich die meiste Zeit saß und strickte. Hier fühlte ich mich einigermaßen geborgen. Wie ein verwundetes Tier, das sich in seine Höhle zurückgezogen hat. Eigentlich wollte ich für Kerstin einen Pullover während der Kur stricken. Sie hatte sich Wolle und Muster selbst ausgesucht und freute sich schon darauf. Nun strickte ich mir selbst einen Pullover, einen schwarzen, verbissen, Masche für Masche, die Hinreihen rechts, die Rückreihen links. Immer wieder das gleiche, monoton. Nullzeit für Gefühle. Ich war meistens allein, vermißte meinen Mann nicht, der sich irgendwo im Haus aufhielt. Manchmal schaffte er es, mich zu einem Spaziergang zu bewegen. Ich ging mit, damit ich danach wieder meine Ruhe haben und weiterstricken konnte. Von der Natur bekam ich kaum etwas mit, nur daß mich die Sonne oft blendete und wie ich einen Fuß vor den anderen setzte. Dorthin müssen wohl meine Blicke vor allem gerichtet gewesen sein.

Obwohl alle im Heim wußten, was mich belastete, was geschehen war, gab es keine Fragen an mich, keine Belästigungen, denn als solche hätte ich jeden Versuch, mich anzusprechen, empfunden. Einmal beim Essen zeigte mir mein Mann eine Frau, die auch ihre Tochter vor etwa vier Jahren durch einen Unfall verloren hatte. Sie saß am Tisch und plauderte mit anderen, als sei nie etwas geschehen. Für einen Moment schaute ich erstaunt hinüber in diese „andere Welt" und konnte nur denken: Wie hat sie das nur geschafft, vier Jahre ohne ihr Kind? Mir wird schon jede Minute ohne meine Kerstin zur Qual!

Immer alles aufessen müssen (ich glaube, dort wurde das rapide Abnehmen gebremst), ich war brav. Nur nicht auffallen. Schlafen, stricken, essen und laufen, das waren meine Tätigkeiten in Luisenthal.

Zwischendurch, an einem Sonnabend oder Sonntag, holte uns mein Bruder ab, und wir fuhren nach Ilmenau zu meinen Eltern. Ich hatte meinen Vater nach dem Unfall noch nicht wieder gesehen. Nun diese Begegnung mit ihm, die sich mir trotz meines Zustandes (ich nahm immer noch diese Beruhigungstabletten) unauslöschlich klar eingeprägt hat.

Bei der Umarmung spürte ich das Zittern seines ganzen Körpers, Worte wurden nicht gewechselt. Seit dem Krieg mußte er mit einem Bein leben. Nun seiner geliebten Enkelin beide Beine abgefahren und das Ende ihres jungen Lebens. – Was muß in ihm vorgegangen sein? Ich erinnere mich an die Worte, die irgendwann an diesem Tag von ihm gesprochen wurden: „Warum Kerstin, warum nicht dafür ich?"

Er saß auf der Couch, in der Ecke, wo er auch sonst immer saß. Wir Kinder akzeptierten gern, daß es immer sein Platz war. Ich hockte vor ihm, empfand trotz meines eigenen Schmerzes ein großes Mitgefühl für meinen Vater, den ich sehr liebe. Ich wollte ihm etwas Tröstendes sagen und fand doch nicht die Worte. Ich spürte seine warme Hand an meiner Wange, an meinem Kopf, merkte, wie er selbst nach Worten rang, aber einfach nicht sprechen konnte. Ich kenne diesen „Kloß" im Hals, der das Sprechen unmöglich macht. Er mußte doppelten Schmerz empfinden: die Trauer um seine über alles geliebte Enkelin und sicher auch das Mitgefühl für mich, seine Tochter, und die Ohnmacht, nicht helfen zu können.

Die Beisetzung konnten und wollten wir ihm nicht zumuten. Er hatte bereits einen Herzinfarkt und einen Magendurchbruch und war viel zu unsicher auf seinem einen Bein und den zwei Krückstöcken.

Kerstin liebte ihre Großeltern sehr und ließ es sie immer merken. Auch wenn sie in der letzten Zeit, seit sie sich in der Ausbildung befand, nicht oft nach Ilmenau fahren konnte, schrieb sie doch sehr häufig Briefe, liebevolle, lustige, die besonders auch meinem Vater viel Freude bereitet haben. Meinen Eltern tat diese Anhänglichkeit sehr gut. Kerstin hing auch sehr am Thüringer Wald. Es war neben Magdeburg ihre zweite Heimat, wie sie immer sagte. Hier ist sie auch auf ihre ersten geologischen Streifzüge gegangen. Allein, zu ihrem Schutz immer ein Messer vom Opa dabei, wie sie immer lachend sagte, wenn man sie fragte, ob sie denn keine Angst hätte so allein im Wald.

In der Natur fühlte sie sich immer wohl. Sie hat ihr nie Angst gemacht. Als sie noch klein war, wollte sie immer Förster werden. Erst später kam dann der endgültige Entschluß, erst Geologie und später Archäologie zu studieren. Wie zielstrebig ist sie dann diesen Weg gegangen! Mein lieber Spatz, wie sehr sehne ich mich nach dir, wie sehr fehlst du mir!!!

20. November

Wieder zu Hause in der leeren, trostlosen Wohnung. Der Pullover ist fertig. Was nun tun? Ich lief ruhelos durch die Wohnung, so als wollte ich vor all dem Elend davonlaufen, auf der Suche nach *ihr*, nach etwas Wertvollem, das ich für immer verloren habe. Wann hört das alles endlich auf, dieser Kummer, diese Schmerzen, diese Sehnsucht? Wenn ich Zahnschmerzen habe, nehme ich eine Tablette und vertraue auf die Hilfe des Zahnarztes, weiß ich, daß die Schmerzen bald vorbei sind. Aber für den Schmerz, den ich jetzt empfinde, gibt es keine Tabletten, niemand kann mir helfen. Ich weiß nicht einmal, ob dieser Schmerz überhaupt jemals wieder aufhört. Ich kann nichts anderes mehr fühlen.

Warum nur ist das alles geschehen? Warum mußte meine Kerstin sterben? Wir haben doch beide nie etwas Böses getan! Was nur habe ich falsch gemacht? Wie hätte ich das verhindern können? Ich wollte sie doch immer beschützen! Kann es ohne sie weitergehen, und wenn, wie? Wer gibt mir Anwort auf all meine Fragen, wer hilft mir? Was muß ich tun? Gibt es einen Weg aus dieser Hölle, und wo ist er?

Mein Verstand bombardiert mich mit Fragen, quält mich, läßt mir keine Ruhe. Er scheint das einzige zu sein, das noch richtig funktioniert in meinem Körper. Das Geschehen hat mich ansonsten erstarren lassen. Und so faßte ich heute den Entschluß, alles, was mich beschäftigt, aufzuschreiben, um vielleicht auf diesem Weg Antworten auf meine Fragen zu finden. Nur etwas tun, meine Ruhelosigkeit bündeln, mich den eigenen Fragen und Antworten stellen.

Nun muß ich mich nicht mehr zurückerinnern, kann aktuell schreiben.

Ich „höre" Kerstin in der Wohnung reden, lachen, sehe, wie sie sich bewegt, sehe sie an der Küchentür stehen, wie sie es immer tat, wenn sie nach einer langen Woche Internatsleben nach Hause kam, abgespannt, etwas zerzaust um die Haare, und höre ihr „Hallo Mutti", spüre ihren Kuß heiß auf meiner Wange. Ich sehe sie im Nachthemd an der Wohnzimmertür stehen, höre sie sagen: „Kommst du, Mutti", wie sie es immer tat, bevor sie schlafen ging. Sie war es gewohnt, daß ich noch einmal zu ihr kam, ihr den üblichen Gute-Nacht-Kuß auf die Wange drückte und dann immer auch noch Zeit war, etwas, was sie beschäftigte, mit mir zu bereden, um danach beruhigt einzuschlafen. Etwas, das uns beiden zur lieben Gewohnheit geworden war, auf einer sehr innigen Vertrautheit basierte und das wir deshalb nicht missen wollten.

Ich spüre ihre Wange weich und glatt, spüre ihren Körper. Manchmal habe ich sie mit dem ganzen Kopfkissen zu mir hochgezogen, sie umarmt, fest an mich gedrückt. Ihr Kopfkissen riecht noch nach ihr. Ich sehe sie in der Badewanne stehen, höre sie nach mir rufen, denn sie liebte es, nach dem Baden oder

Duschen von mir abgerubbelt zu werden. Ich sehe ihr tropfendes Gesicht, ihr ganzer Körper ist mir vertraut. Liebevolle, erlebnisintensive, immer wiederkehrende Begegnungen, wie sie nur zwischen uns stattfanden (andere Menschen haben andere). Die Sehnsucht schmerzt, ist fast unerträglich!

Ich strecke die Hände aus und fasse ins Leere. Nie mehr diese Begegnungen! Was kann diese Sehnsucht stillen? Wie lange kann ich das ertragen? Ich kann nur schwer atmen, vielleicht deshalb, weil meine Seele keinen Atem mehr hat? Ich lege meinen Kopf dorthin, wo ihrer immer lag, und lasse mich einfach fallen. Niemand ist da, ich muß auf niemanden Rücksicht nehmen. Ein erlösender Weinkrampf schüttelt meinen ganzen Körper, bis er keine Tränen und keine Kraft mehr zum Weinen hat. Danach wieder diese Scheinruhe.

Vorerst ist wieder ein Kampf beendet zwischen dem Verstand, der mir sagen will, sie ist für immer gegangen, du mußt es akzeptieren, und dem Gefühl dieser großen ungestillten Sehnsucht, welches noch immer auf ein Wunder hofft.

21. November

Ich habe heute nacht wieder von Kerstin geträumt. Ich schloß die Wohnungstür auf, trat in den Flur,

Kerstin kam mir aus dem Bad mit einem Krug Wasser in der Hand entgegen. Auf dem Weg in ihr Zimmer teilte sie mir mit, daß sie doch ihre Blumen noch gießen muß.

Nur ein kurzer Traum, aber wie der letzte ein guter. Im Traum wurde wahr, was ich mir bei der Rückkehr aus Luisenthal so sehr gewünscht hatte. Für einen Moment hatte ich die Augen vor dem Aufschließen der Tür geschlossen und sehnsüchtig gewünscht: Du machst die Tür auf, und Kerstin ist zu Hause. Alles war nur ein böser Traum. Um so niederschmetternder war dann die Realität, die leere Wohnung.

Viel Post ist gekommen, Beileidsschreiben, Trauerkarten und der Bescheid des Transport Polizeiamtes Leipzig, in dem uns mitgeteilt wird, daß die Untersuchungen zum nicht natürlichen Todesfall unserer Tochter keinen Strafverdacht ergeben haben und deshalb von der Einleitung eines Ermittlungsverfahrens abgesehen wurde, da ein persönlich verschuldeter Unfall vorliegt. Was hätte das auch gebracht?! Meine Kerstin käme davon auch nicht zurück.

Wenn auch meine Gedanken nicht frei davon sind, nach einem Schuldigen zu suchen. Ja, ich habe mich oft gefragt: Wozu seid ihr da? Warum habt ihr sie nicht daran gehindert, auf den Zug aufzuspringen? Warum wurde bisher auf dem Bahnhof noch nichts getan, um diese Unfallquellen (zu breite Abstände zwischen Bahnsteigkante und Gleisen) zu beseitigen, zumal es nicht der erste Unfall dieser Art auf dem Leipziger Bahnhof war, wie man uns sagte. Aber ich habe gemerkt, es bringt nichts und hilft mir nicht. Ich will keine Bestrafung, keine Rache, niemandem die Verantwortung für das Geschehene zuschieben. Dadurch würde mein Leid nicht geringer, würde ich nur noch verletzlicher. Ich möchte nur in Ruhe gelassen werden.

Kerstin ist auf den Zug aufgesprungen, das war sicher nicht richtig. Aber sie hat es für uns getan, es war der letzte Zug nach Berlin an diesem Abend. Dieser Schritt ist nun nicht mehr rückgängig zu machen, sie kann es nicht mehr besser machen. In mir ist kein Platz für Schuldzuweisungen, nur eine unendliche Liebe zu ihr.

Die Beileidsschreiben sind alle gut und tröstlich gemeint, aber wirklich trösten können auch sie mich nicht. Es tut nur gut zu wissen, daß auch andere Menschen, vor allem Kollegen und gute Bekannte mitfühlen, und deshalb fühle ich mich nicht mehr so alleine. Es ist mir ein großes Bedürfnis, die Dankeskarten selbst zu unterschreiben. Aber alles, was ich mühsam versucht habe zu verdrängen, ist nun wieder da, so frisch wie am ersten Tag. Die Sehnsucht nach meiner Tochter wird nicht geringer, im

Gegenteil, je mehr Zeit vergeht, um so größer wird sie. Sie nur wieder an mich drücken, ihre Gegenwart wirklich spüren, mit ihr reden, lachen und glücklich sein! Das ist mein einziger Wunsch.

Ich weiß, daß andere Menschen, ja selbst meine Familie meinen Kummer, die seelischen Schmerzen in ihrer Tiefe nicht mit- oder nachempfinden können, daß auch deshalb niemand wirklich helfen kann. Und sicher empfindet auch nicht jeder gleich tief. Für mich könnte der Kummer nicht größer sein.

22. November

Morgen ist die Beisetzung. – Ich kam heute nicht zur Ruhe, weil ich es auch gar nicht wollte. Hausarbeit bis zur Erschöpfung. Jetzt tut mir alles weh, der Rücken, der Kopf. Es fällt mir heute schwer zu schreiben. Immer kommen die Gedanken an morgen, kommt die Angst vor den Begegnungen mit all den Menschen, die mir geschrieben haben, die ich kenne oder vielleicht auch nicht. Die erste Begegnung mit Kerstins Vater nach den Jahren seit unserer Scheidung. Kerstin und ich, wir hatten dieses Wiedersehen eigentlich für ihren Hochzeitstag geplant. Sie hatte mich einmal danach gefragt, und für uns war klar, daß wir alle zusammen feiern würden. Die

Begegnung mit Kerstins Oma und Opa aus Magdeburg steht mir ebenfalls noch bevor. Kerstin war ihr einziges Enkelkind, das sie sehr geliebt haben. Sie war auch nach der Scheidung sehr oft bei ihnen und hatte auch deshalb immer einen sehr guten Kontakt zu ihrem Vater, der im Elternhaus wohnt. Sie sagte immer, ich habe zwei Väter, und war glücklich damit. Die Begegnung mit Kerstins Klasse, ihren Lehrern. – Gesichter ziehen an meinem Auge vorbei. Die Eltern von Kerstins Freundin haben uns geschrieben, daß Marlies lange ihre Fassung nicht wiedererlangen konnte, nur weinte, das Unfaßbare nicht begreifen konnte.

Ich muß morgen nach der Beisetzung irgend etwas zu ihnen sagen! Sicher erwartet man das von mir, aber ich spüre auch das Bedürfnis, ihnen allen zu danken. Ich versuche, einen klaren Gedanken zu fassen, aber bleibe bereits bei der Anrede stecken. Es muß auch etwas Tröstendes, Mutmachendes sein, und ich denke dabei an das weinende Gesicht von Marlies.

Aber wie soll mir das gelingen? Ich brauche doch selbst soviel davon. Werde ich überhaupt stark genug sein, das alles durchzustehen? Schon heute bleibt mir beim Gedanken an morgen fast die Luft weg, zittern mir die Hände. Sicher, ich werde auch viele besorgte, liebevolle Menschen um mich haben, wie meine

Mutter, meine Geschwister. Aber ich weiß auch, die „Standhaftigkeit" muß aus mir selbst kommen.

Wie gut, daß es noch die Tabletten gibt! Um jetzt gleich schlafen zu können, werde ich auch heute wieder zwei einnehmen. Wenn nur schon alles vorbei wäre!

24. November

Ich war gestern nicht mehr in der Lage, noch am späten Abend meine Gedanken und Eindrücke meinem Tagebuch anzuvertrauen. Ich war nur froh, daß ich es irgendwie bis nach Hause schaffte, und bin dann todmüde ins Bett gefallen.

Auch heute fällt mir das Schreiben noch schwer, aber ich zwinge mich dazu, will mir damit „alles von der Seele schreiben", will meine Gefühle und Gedanken ordnen, wieder ein Zwiegespräch mit mir selbst führen.

Obwohl ich wieder Tabletten genommen hatte, kann ich mich noch an alles, auch an kleine Details, Wahrnehmungen, Empfindungen genau erinnern.

Ich wußte, ich konnte diesen Tag nicht einfach streichen, übergehen. Er wurde mir aufgezwungen. Ich mußte ihn leben, durchleben. Ich hatte keine Wahl. Aufstehen, Anziehen, alles tat ich mechanisch, wie eine aufgezogene Puppe. Die schwarze

Bluse empfand ich wie etwas Vertrautes, schon zu mir Gehörendes.

Dann Eintreffen der Magdeburger Großeltern in unserer Wohnung, Umarmungen und viele Fragen. Sie hatten lange auf die Beantwortung warten müssen, weil ich gebeten hatte, mich vor der Beisetzung nicht zu besuchen. Aber ich konnte auch jetzt nicht antworten, hatte dazu so kurz vor der Beisetzung keine Kraft. Mein Mann berichtete. Ich war zu keinem Austausch von Gedanken fähig. Hatte mich innerlich bereits so abgeschottet, daß ich wenigstens eine Chance hatte, das Kommende alles zu überstehen. Sie taten mir unendlich leid (erstaunlich: ich hatte noch solche Gefühle), aber ich konnte auch ihnen nicht helfen.

Am Eingang des Friedhofes trafen wir dann meine Familie. Sie war mein ganzer Halt, mir so vertraut, so nah, mein Rettungsanker, mein Licht in dieser Dunkelheit. Ich weiß nicht, ob ich es ohne sie geschafft hätte. Dann die Begegnung mit Kerstins Vater. Er war es, der mich fest in die Arme nahm, und ich spürte wieder etwas Gemeinsames, den Schmerz um unsere Tochter. Deshalb war er mir in diesem Moment noch einmal sehr nah. Reden mußten wir beide nicht. Wir waren hilflos, einer Situation ausgesetzt, die wir beide nicht mehr ändern konnten.

Der Weg zur Trauerhalle zog sich so lang hin.

Aber Schritt für Schritt schaffte ich es. Ich fühlte dankbar rechts den Arm meiner Mutter und links den meines Mannes. Irgend jemand sagte uns dann, daß wir auch mit dem Auto bis zur Halle hätten fahren können. Vor der Trauerhalle standen schon viele Menschen. Ich sah Kerstins Klassenkameraden, bekannte Freunde von ihr, meine Arbeitskollegen, Kollegen meines Mannes, auch unbekannte Gesichter – und Jan! Obwohl ich ihn nur auf dem Foto gesehen hatte, erkannte ich ihn sofort. Er trug die Uniform des Offizierschülers der Seestreitkräfte, stattlich, mit einem Strauß Rosen stand er da. Ein unendliches Gefühl der Zärtlichkeit für ihn kam in mir hoch. Kerstins erste Liebe!? Wie mochte er empfinden? Ein Ende noch vor der Erfüllung eines vielleicht aufkeimenden großen Gefühls? Vielleicht ist es besser für ihn, daß die Zeit nicht mehr ausreichte, um sich noch näher kennenzulernen, schmerzt es deshalb nicht so sehr.

In der Trauerhalle stand ganz vorn auf einem Ständer die Urne. Sie war mit einer Krone aus lachsfarbenen Rosen geschmückt. Es traf meinen Geschmack, war nach meinen Wünschen geschehen. Darin die Asche meines Kindes!? Diesen Gedanken wollte ich nicht zu Ende denken! Denn ich merkte, wie sich mein Herz wieder schmerzhaft verkrampfte, das Atmen schwerfiel, alles vor meinen Augen verschwamm, mir der kalte Schweiß auf die Stirn trat und ich langsam den Boden unter den Füßen verlor. Jetzt nur nicht umfallen! Ich streckte meinen kraftlosen Körper und war froh, als ich mich endlich setzen konnte.

Die vielen Blumen, die niedergelegt wurden. Sie reichten bis weit in den Gang hinein. Die Halle war voller Menschen. Noch war ich mit den meisten nicht in persönlichen Kontakt getreten, nur wenige hatte ich vor der Feierhalle bereits persönlich begrüßt. Als die von mir bestellte Musik erklang, zitterten meine Hände unkontrolliert. Meine Mutter hatte es wohl gemerkt, nahm meine Hand in ihre. Die Gute! Diese warme Berührung tat mir sehr gut, ließ mich fühlen, daß da noch jemand war, der mich verstand, für mich da war.

Die Trauerrede hielt der stellvertretende Direktor der Schule aus Johanngeorgenstadt. Wir hatten darum gebeten, weil wir nicht wollten, daß jemand spricht, der unser Kind gar nicht gekannt hat. Was ist mir davon noch im Gedächtnis geblieben?

Kerstin hat ihren Eltern, Großeltern und Lehrern immer viel Freude bereitet. Sie war ein lebenslustiger, freundlicher junger Mensch. Sie gehörte zum positiven Kern der Klasse, war vielen in der Lerneinstellung, im Verhalten ein Vorbild. Sie war sehr beliebt im Kollektiv, deshalb sind Schmerz und

Trauer ihrer Klassenkameraden sehr verständlich. Kerstin hatte bereits feste Standpunkte, diskutierte offen alle Fragen und regte andere dazu an. Mehr weiß ich nicht mehr. Ich „hing" an seinen Lippen, um alles, was er sagte, in mir aufzunehmen, immer mit dem Gedanken, ob er mit seinen Worten auch der Persönlichkeit meiner Kerstin gerecht wurde, gerade so, als könne man ihr damit noch einmal etwas Gutes tun. Ich war selbst so aufgewühlt, daß ich nur noch weiß, daß er mit seinen Worten meinen Kummer nicht vergrößert hat, aber meinen Schmerz auch nicht lindern konnte. Aber auch, daß ich sehr stolz auf mein Kind war, und damit hat er sicher Wesentliches und Richtiges über sie gesagt und den richtigen Ton gefunden. Ich bin ihm sehr dankbar, denn sicher war es auch für ihn nicht leicht.

Anschließend dann der Gang über den Friedhof zur Grabstätte. Der Weg kam mir wieder sehr lang vor, und mir war kalt, trotz des Wintermantels. Am Grab standen dann rechts und links von mir die beiden Männer, die mir in meinem Leben viel bedeuten. Am Grab von Kerstin waren wir vereint. Sie fühlte sich mit beiden sehr verbunden. Beim Einlegen der Rosen in das offene Grab fühlte ich den Zwang, bei ihr zu sein, ihren letzten Weg mit ihr gemeinsam zu gehen, mit zu versinken. Ich spürte die eckigen Bewegungen, die ich beim Schritt nach vorn machte, um den Halt nicht zu verlieren. Ich wunderte mich, daß mir die Beine überhaupt gehorchten.

Und dann kamen alle, um uns ihr Beileid auszudrücken. Die Gesichter ganz nah, ich mußte aufschauen, sie ansehen, obwohl mein Nacken dabei schmerzte, mußte die Hände all dieser Menschen ergreifen. Es waren überwiegend bekannte Gesichter, mit Tränen in den Augen oder mit den Tränen kämpfend. Ich spürte Mitleid, Liebe und Zärtlichkeit besonders für all die jungen Menschen, Kerstins Klassenkameraden, die ihren Tränen freien Lauf ließen. Meine Hand streichelte von selbst über diese weinenden Gesichter. Ich wußte nun, daß ich nachher die richtigen Worte finden würde.

Wir fuhren anschließend ins Internat der Schule meines Mannes, wo man für uns eine Tafel eingedeckt hatte, sich alle stärken konnten vor der Rückfahrt. Es war alles sehr liebevoll vorbereitet, leise spielte klassische Musik. Es wirkte sehr beruhigend auf mich, und es war endlich warm. Trotz Trauer fühlte ich eine große Dankbarkeit für alle, die das vorbereitet hatten. Beim Reden mußte ich mich am Stuhl festhalten, weil ich Angst hatte, sonst umzufallen. Aber ich redete klar und weiß noch genau, was ich sagte.

„Liebe Freunde! Ich habe immer überlegt, wie ich euch hier ansprechen soll, denn eigentlich seid ihr mir alle gleich lieb und wert, weil ihr mich heute auf dem schwersten Weg meines Lebens begleitet habt. Es fällt mir schwer, etwas zu sagen, die richtigen Worte zu finden. Aber ich weiß auch, daß ich heute und hier etwas sagen muß, einfach auch deshalb, weil es mir ein großes Bedürfnis ist. Mir gehen schon seit Tagen die Worte Nikolai Ostrowskis nicht aus dem Sinn: ‚Das Wertvollste, was der Mensch besitzt, ist das Leben. Es wird ihm nur einmal gegeben.' Unwiederbringlich: nur einmal! Unsere Kerstin ist nicht mehr. Dieses Absolute ist es, was wir nicht begreifen können, daß wir sie nie wieder sehen, mit ihr sprechen, sie drücken, mit ihr lachen, ihr über den Kopf streichen, etwas für sie tun können, wo man doch noch soviel zu geben bereit ist, ja das Bedürfnis dazu hat. Wie soll man das verstehen? Aber wir hatten eine gute Tochter und Enkeltochter, wie wir sie uns besser nicht wünschen konnten. Und sie war auch nicht leichtsinnig von Natur aus. Im Gegenteil, sie hat eigentlich immer auf sich geachtet, weil sie wußte, was sie uns bedeutet hat. Oma und Opa waren noch vor einer Woche bei ihr auf der Bohranlage. Dort hatten sie ihr noch einmal „ans Herz gelegt", sie solle auf sich aufpassen. Und dort hatte sie ihnen erneut versprochen aufzupassen und ihnen lächelnd versichert, daß sie doch immer den Helm trage, obwohl die anderen deshalb schon über sie schmunzeln.

Nein, sie war nicht leichtsinnig! Sie hat nur ein paar Sekunden unüberlegten Handelns sehr, sehr teuer bezahlen müssen, bezahlen mit ihrem Leben, und das ganz ohne Chancen. Hätte sie eine Chance gehabt, sie hätte um ihr Leben gekämpft, weil das ihrer Natur entsprach. Aber ihr, die ihr so alt seid wie unsere Kerstin, sie mit am besten gekannt habt, ihr habt euer ganzes schönes Leben noch vor euch. Ihr beginnt ja eigentlich erst richtig zu leben. Macht etwas daraus! Nutzt es gut, dieses einmalige Leben, jeden Tag, jede Stunde. Ich wünsche euch dazu alles Liebe und alles Gute. Und euch allen: Danke, daß ihr gekommen seid, danke für eure große Anteilname und Hilfe."

Es blieb mir keine Zeit, bis ins Innerste nachzuempfinden, was ich da sagte. Sonst wäre ich dazu kaum in der Lage gewesen. Ich sprach und merkte, wie mir die Beine zitterten. Aber ich wollte durchhalten, weil ich diesen jungen Menschen unbedingt etwas sagen wollte, das ihnen half, die Fassung und den Lebensmut wiederzufinden, mit dem Unabänderlichen fertig zu werden. Bestimmt war das auch für sie die erste fühlbare Begegnung mit dem Tod. Sie standen der Situation genauso hilflos gegenüber wie ich. Und deshalb konnte nur ich, die ich doch am meisten betroffen war, trösten, ihnen den weiteren Weg zeigen.

Marlies kam anschließend zu mir, umarmte mich

und dankte mir im Namen der ganzen Klasse und der Lehrer für meine Worte, die ihnen, wie sie sagte, sehr gutgetan haben. Offensichtlich habe ich die richtigen Worte gefunden.

Ich war danach so erschöpft, daß ich nichts essen konnte, saß nur still auf meinem Stuhl, wollte auch mit niemandem mehr reden. Ich hatte alles gesagt. Und man nahm Rücksicht.

Nach dem Essen verabschiedete ich mich von allen. Kerstins Klassenkameraden fuhren mit dem Bus nach Johanngeorgenstadt zurück. Auch meine Mutter, meine Schwester, mein Schwager und Bruder und die Magdeburger fuhren wieder nach Hause. Das war sehr gut so. Ich wollte nur alleine sein, nur nach Hause, mich hinter meinem dunklen Vorhang wieder verkriechen und schlafen, nur schlafen. Ich war mit meiner Kraft völlig am Ende.

25. November

Was nun? Wie soll mein Leben weitergehen? Die Leere ist grenzenlos und tief.

Nun habe ich bis zur Beisetzung durchgehalten, ich hatte das Ziel, es ist geschafft. Es gibt für mich keinen Grund mehr weiterzuleben. Vielleicht nur den einen, daß ich noch immer nicht glauben will, daß mein Kind nicht mehr lebt, und ich dasein muß, wenn sie wieder nach Hause kommt. Alles in mir sträubt sich, daran zu denken, daß sie nie wiederkommt, ich sie nie wiedersehen und in meine Arme nehmen kann. Der Gedanke daran bereitet mir Höllenqualen, mein Herz verkrampft sich dermaßen, daß ich nur stoßweise atmen kann.

Meine Tochter, die 18 Jahre meines Lebens bestimmt hat, diese zu den schönsten in meinem Leben gemacht hat, nun nie wiedersehen!? Das kann einfach nicht sein! Sie hat mein Leben so stark ausgefüllt, daß ich nun das Gefühl habe, da ist nichts mehr, nichts, was das Leben noch lebenswert macht. Hinzu kommt der Schmerz, die riesengroße Sehnsucht nach ihr, die nun schon seit Wochen unerfüllt bleibt. Ich wollte doch wie alle Eltern noch viele weitere schöne Jahre ihres Lebens miterleben, wollte sehen, wie sie in ihrem weißen Brautkleid aussieht, wollte einen netten Schwiegersohn in die Arme nehmen, ihm mein Wertvollstes, mein Kind, anvertrauen, ihre Freude über ihre eigenen Kinder (sie wollte unbedingt Kinder haben, trotz ihres Berufswunsches) erleben, mit ihr teilen, meine Enkelkinder verwöhnen. Es wird nichts mehr davon sein! Es kann nichts geben, was mir ähnliche Erfüllung bringen könnte. Deshalb ist mein Leben sinnlos und für mich so nicht zu ertragen. Ich atme, mein Herz schlägt, aber ich lebe nicht wirklich. Ich bin dem Tod näher als dem Leben.

Der Weg zum Sterben ist so leicht, der Weg zum Leben so schwer. Immer wieder kommen mir die Gedanken, einfach die Tabletten zu schlucken, und alles Leid ist vorbei. Aber ich muß ja dasein, wenn sie wiederkommt. Und so hoffe ich auf ein Wunder!

26. November

Neben dem Schlafen ist das Schreiben in diesem Tagebuch meine wichtigste Beschäftigung. Wenn ich schreibe, bin ich beschäftigt, erledige ich etwas Sinnvolles für mich. Meine Seele, mein Geist und mein ganzer Körper fühlen die Last, die mich sonst fast erdrückt, weniger. Ich muß schreiben, weil ich fühle, daß ich das Schwerste noch nicht überstanden habe.

Wenn ich leben will, dann habe ich noch einen sehr langen, steinigen Weg aus dieser Hölle vor mir. Ich fühle, daß ich ihn alleine gehen muß. Das macht die Entscheidung dafür oder dagegen doppelt schwer.

Meine Gedanken führen mich auch immer wieder zurück in mein bisher gelebtes Leben. Ich habe bisher nie ein Tagebuch geschrieben, weil ich mich selbst nie so wichtig genommen habe, daß ich über mein Leben hätte etwas aufschreiben müssen. Was mir „lieb und teuer" war und ist, behalte ich sowieso im Gedächtnis. Unangenehmes habe ich lieber vergessen. Aber eigentlich hat es außer den mehr oder weniger kleinen Unannehmlichkeiten, die jedes Leben begleiten, bis zu Kerstins Unglückstag kaum Unangenehmes in meinem Leben gegeben.

Ich bin sehr behütet, von Liebe umgeben, aufgewachsen. An die Kriegsjahre, die Flucht aus Schlesien kann ich mich nur schwach erinnern, weil ich noch zu klein war. Auch wenn wir, aber besonders meine Eltern sicher vieles entbehren mußten, so hat es uns doch nie an Liebe und Geborgenheit in unserem „Elternhaus" gefehlt. Meine Kindheit und Jugend waren schön. Schön war unser Zuhause, anfangs auch ohne Polstermöbel und Teppich, und schön war und ist meine Heimat, der Thüringer Wald. Damit verknüpfen sich meine unvergeßlichen, vorwiegend guten Erinnerungen aus dieser Zeit. Auch wenn ich in Schlesien geboren wurde, meine Heimat ist da, wo ich groß geworden bin, wo die Menschen leben, die ich liebe, meine Eltern und Geschwister, meine Familie.

Bis jetzt ging in meinem Leben eigentlich alles „glatt". Mit dem Lernen hatte ich keine Probleme. Allerdings „fiel mir auch nichts in den Schoß". Für gute Noten, Schulabschlüsse und meine Berufsausbildung (Kindergärtnerin, Kindergartenleiterin, Lehrerin in der Kindergärtnerinnenausbildung, wissenschaftliche Mitarbeiterin an der Akademie) mußte ich fleißig und diszipliniert arbeiten. Auch deshalb, weil all das nie mein Traumberuf war und weil ich nie das Glück hatte, Hobby und Beruf zu vereinen. Aber es ist immer kontinuierlich aufwärts gegangen, der Erfolg in der Arbeit blieb nicht aus. Ich war zufrieden.

Nun dieser tiefe Einschnitt in meinem Leben, dieser große Verlust, der mir plötzlich von einem Tag auf den anderen alle Freude am Leben und allem, was damit zusammen hängt, genommen hat.

In mir ist soviel Liebe zu meinem Kind, die ich nicht einfach abstellen kann. Diese großen Gefühle drängen nach außen, wollen sich in Streicheln, in Drücken, in Küssen entäußern. Aber das „Gegenüber", meine Kerstin ist nicht mehr da. Ich greife stets ins Leere, in ein Nichts. Wenn ich jedoch die Augen schließe und mir ganz fest vorstelle, daß sie ganz nah bei mir ist, ich in ihr liebes Gesicht schaue, ihre Hände halte, sie an mich drücke, dann merke ich tief in mir auch ein wenig (und ich bin ja schon für ein wenig so dankbar) dieses Glücksgefühls, das mich immer durchströmt hat, wenn ich Kerstin all mein Liebe gegeben habe und diese von ihr auf mich zurückgewirkt hat. So wie es immer ist, wenn wir Menschen Liebe geben und empfangen. Dann löst sich etwas in mir, werde ich wieder ruhiger, wenigstens für eine kurze Zeit. Es ist, als hätte sich das Ventil geöffnet, durch welches meine aufgestaute Liebe hinauskann aus ihrem Gefängnis. So als hätte ich das Objekt der Liebe wirklich getroffen, strömt die Liebe zu mir zurück, auch wenn es manchmal nur ein Lächeln, ein Aufleuchten ihrer Augen war, das mich immer so tief berührt hat, das ich nie vergessen werde.

So schaffe ich mir selbst kleine Glücksmomente, nach denen ich mich so sehr sehne, die mein blutendes Herz und meine weinende Seele so sehr brauchen, um wieder gesund zu werden.

28. November

Montag. Ich war heute wieder arbeiten, weil ich es allein zu Hause nicht mehr aushalte, mir etwas „Normalität" aufzwingen will. Ich glaube, meine Kollegen hatten vor diesem Tag mehr Angst als ich. Ich spürte ihre Unsicherheit, konnte ihnen aber nicht helfen, da ich die Kraft zu dieser Hilfe (ihnen auf jede Weise freundlich entgegenzukommen, mich mit ihnen zu unterhalten, etwa den Anschein erwekken, daß es mir gutgeht, alles nicht mehr so schlimm ist) einfach nicht aufbringen konnte. Die Trauer umgibt mich noch immer wie ein schwarzer Mantel. Sie trennt mich vom Leben der anderen, und ich glaube, genau das haben sie auch gefühlt und mich deshalb kaum angesprochen. Ich kann nicht sagen, ob sie eine Chance hatten und noch haben, womit auch immer, durch diesen Mantel zu mir vorzudringen. Ihre Hilflosigkeit belastet mich zusätzlich. Ich glaube, hier hat unsere Gesellschaft versagt. Sterben, Tod, Leid und Kummer sind nur so weit Realität, wie sie konkrete Menschen in konkreten Situationen betreffen. Aber man redet nicht darüber, bereitet die Menschen nicht auf solche Situationen vor. Sie werden abgetan, als seien sie nur Einzel- oder Randerscheinungen. Damit wird ein Denken genährt: So etwas gibt es, aber es betrifft mich nicht, also schieben wir das Unangenehme von uns weg. Tritt es dann ganz konkret ein, weil auch das, ob wir es wollen oder nicht, zum Leben gehört, sind wir diesem vollkommen ausgeliefert, stehen ihm hilflos gegenüber. Wir haben Angst vor solchen Situationen, für die wir aus unseren Alltagserfahrungen keine Beispiele haben, auf die wir gefühlsmäßig nicht vorbereitet sind. Die Sensibilisierung der Menschen für Leid, Krankheit, Behinderung, Alter und Sterben darf nicht tabu sein! Es gibt bei uns Menschen keinen ewigen Fortschritt, kein ständiges Wachstum und immerwährendes Glück!

29. November

Ich habe wieder von Kerstin geträumt. Ich sah mir ein Bild an, auf dem sie mit ihren Freundinnen abgebildet war. Ich ging zu ihr hinüber ins Kinderzimmer, um es ihr zu zeigen. Sie saß auf ihrer Liege und sah mir entgegen. Ich habe sie zuerst gefragt, ob sie es denn wirklich sei, und sie antwortete: „Natürlich bin ich es, Mutti. Das siehst du doch. Ich sitze doch hier." Dabei zuckte sie mit den Schultern, ihrerseits nun sehr erstaunt über meine Frage. Ich antwortete ihr, daß ich es kaum glauben kann, weil wir doch auf ihrer Beerdigung waren. Kerstin sagte darauf, daß sie es auch nicht weiß, was das bedeutet. Sie wisse nur, daß sie am Morgen weggefahren sei …

Dann wurde ich wach. Der Traum war so gegenwärtig, daß ich in der Nacht aufstand, ohne Licht anzumachen in ihr Zimmer ging und dann fassungslos vor diesem dunklen, leeren Zimmer stand, das nur durch die Straßenlaterne schemenhaft ein wenig erhellt wurde. Die Stille der Nacht und die Dunkelheit ließen mich diese Leere mit besonderer Wucht empfinden. Ich war wie benommen. Warum dieser Traum? Wollte sie mir sagen, daß sie von dem Unglück nichts mitbekommen hat, nicht gelitten hat? Mir war, als hätte ich tatsächlich unmittelbar zuvor diese Begegnung mit meinem Kind gehabt.

Ich kam nur langsam zu mir, und gleich überfiel mich wieder diese Trostlosigkeit, wieder war eine Hoffnung dahin. Aber ich war auch sehr dankbar für diesen Traum, diese „Begegnung" mit meinem Kind, und durchlebte sie bis zum erneuten Einschlafen immer wieder, um diese Glücksmomente festzuhalten, nichts davon zu vergessen: Kerstin hat nicht gelitten, sie lebt, alles ist gut.

3. Dezember

Ich arbeite unter einer schweren Last. Von meiner Aufgeschlossenheit, Fröhlichkeit, meinem Optimismus ist nichts geblieben. Ich versuche, mich zu konzentrieren, studiere einschlägige Fachliteratur. Mein Gehirn ist, sicher auch durch die Einnahme der Tabletten, wie blockiert. Um den Inhalt zu verstehen, muß ich ganze Sätze oft mehrmals lesen. Ich komme kaum von meinem Stuhl hoch. Das lenkt ab, ist aber, wie ich selbst merke, wenig erfolgreich. Meine Kollegen lassen mich in Ruhe „arbeiten". Am Abend habe ich ständig Kopfschmerzen, Rückenschmerzen, die Augen brennen, ich fühle mich wie zerschlagen. Ich habe für so einen langen Arbeitstag eigentlich nicht die Kraft. Aber zu Hause bleiben ist für mich auch keine Lösung. Ich bin froh, daß ich jetzt keine Studentinnen an der Pädagogischen Schule für Kindergärtnerinnen unterrichten muß.

Bis Juli war das noch der Fall. Die Studentinnen meines letzten Seminars haben mir sehr liebe Zeilen geschrieben, mehr als nur eine Beileidsbekundung. Sie wollen mich besuchen. Einerseits freue ich mich auf diese Begegnung, aber andererseits fürchte ich mich auch davor, weil die „Mädchen" im gleichen Alter sind wie meine Kerstin, das Gespräch mit ihnen sicher Erinnerungen wecken und deshalb viel Kraft kosten wird.

Aber das Leben geht einfach seinen Gang. Es nimmt keine Rücksicht auf meine Gefühle. Es holt mich immer wieder ein, reißt mich einfach mit. Gezwungenermaßen tappe ich in dieser mir immer noch fremdem Welt herum, als gehörte ich nicht hierher. Die Tabletten versetzen mich in einen Zustand, der mir hilft, das Geschehene nicht bei vollem Bewußtsein begreifen zu müssen. Wäre mein Verstand klar, würde ich mich vielleicht aus dem nächsten Fenster stürzen.

Ich will den Tod Kerstins nicht akzeptieren, damit irgendwo Hoffnung bleibt, Hoffnung auf ein Leben, wieder ohne Kummer und Leid und diese seelischen Schmerzen. Heute kann ich nicht daran glauben, daß es das für mich wieder geben kann. Aber vielleicht geht es mir ja irgendwann wieder ein ganz klein wenig besser, ist der Schmerz nicht mehr ganz so groß.

4. Dezember

Meine Arbeitskollegen sprechen mich öfter an, sie versuchen, mich dadurch abzulenken. Dafür bin ich ihnen dankbar. Wir haben uns wieder aneinander gewöhnt. Ich höre meistens zu. Dabei werden viele Erinnerungen wach. Erst Anfang September hatte mir eine meiner Kolleginnen von dem tragischen Tod der 18jährigen Tochter ihrer Freundin erzählt. Sie hieß auch Kerstin und war nach einem Verkehrsunfall verstorben. Auch sie war die einzige Tochter. Bei dem Gedanken, daß das meiner Tochter passieren könnte, blieb mir fast das Herz stehen. Im nächsten Augenblick spürte ich jedoch dankbar das große Glück, meine Kerstin ja bald wiederzusehen, das Glück, daß mich das nicht betrifft. Ich habe wie ein Kind die Augen verschlossen vor dem persönlichen Unglück anderer, in der Hoffnung, daß dadurch das Unglück an mir selbst vorübergeht.

Auch um Verkehrsunfälle habe ich bisher immer einen großen Bogen gemacht. Nur nichts davon hören und sehen, weil es nur belastet. Ich habe das Glück bisher mit einer Selbstverständlichkeit und in vollen Zügen genossen und meinte, es müßte immer so sein. Nun mußte ich schmerzlich erfahren, daß es nur eines kurzen Augenblicks bedarf, um Glück in Leid zu verwandeln. Ich konnte das Unglück nicht abwenden, das nennt man wohl Schicksal. Aber ich denke noch immer, daß wir vieles doch beeinflussen können, viel Unglück auch vermeiden können, wenn wir mit offenen Augen durch das Leben gehen.

Nach dem Bericht meiner Kollegin kam mir auch nicht der Gedanke, nun, wo du deine Kerstin noch hast, die gemeinsamen Stunden mit ihr noch intensiver zu leben, sie noch mehr zu genießen, sie besonders schön zu gestalten, denn die andere Kerstin kannte ich nicht. Ich konnte auch nicht den Schmerz und das Leid der Mutter nachfühlen. Das kann ich erst jetzt, wo es mich selbst betrifft. Wie sehr bedauere ich das heute. Um wie vieles reicher hätten unsere gemeinsamen Stunden noch sein können, wäre ich nicht so schnell zum Alltag zurückgekehrt. Wie intensiv würde ich heute die gemeinsame Zeit nutzen und genießen! Wie viel Liebe und Güte hätte ich noch zu vergeben!

Ich wünsche es keinem Menschen, keiner Mutter, keinem Vater, daß sie einmal um ihr Kind weinen müssen, weil ein sinnloser Tod stärker war als ihre Liebe.

Die Sehnsucht ist wieder übermächtig, sie tut körperlich und seelisch so weh! Für einen Tag mit meiner gesunden Tochter und ihr Weiterleben würde ich sofort mein Leben geben!

Mich quälen die Gedanken an ihr Sterben. Ich war nicht bei ihr. Wenn sie doch noch einmal zu sich gekommen ist, war ich nicht da! Vielleicht hätte ich ihr helfen können?! Haben die Ärzte die Wahrheit gesagt, oder wollten sie mich nur schonen? Wer oder was kann mir helfen? Wie werde ich mit diesen inneren Kämpfen fertig? Niemand beantwortet mir meine Fragen. Die Qual nimmt kein Ende.

5. Dezember

Im Bett hörte ich heute morgen noch im Halbschlaf deutlich die Stimme meiner Mutter. Sie sprach mit mir, rief meinen Namen. Ich nahm die Helligkeit wahr, wollte meine Augen ganz öffnen, schaffte es aber trotz allergrößter Anstrengung nicht sofort. Es war ein äußerst unangenehmes Gefühl. Wie lange es dauerte, kann ich nicht sagen. Als ich es dann doch schaffte, ganz wach zu werden, war um mich herum nur diese Stille, meine Mutter nicht im Raum. Hatte sie gerade so intensiv an mich gedacht, daß ihre Gedanken über diese große Entfernung hinweg bis zu mir durchgedrungen sind? Macht sie sich Sorgen, will sie mich davor bewahren, etwas Unüberlegtes zu tun? Spürt sie, daß ich so nicht mehr leben kann? Du Gute, ja, ich bin dir etwas schuldig, mein Leben, das du mir einmal gegeben hast. Ich weiß es, aber es fällt mir so schwer so zu leben.

Was ist das für ein Zustand zwischen Schlaf und

Wachsein? Ich kannte ihn bisher nicht. Ist in meinem Kopf etwas durcheinandergeraten, oder bin ich nur sensibler geworden für den Empfang unsichtbarer Wellen, die es ganz offensichtlich gibt, die wir Menschen aber nicht wirklich mit unseren Augen wahrnehmen können?

Was auch immer es war, es hat mich auf jeden Fall sofort veranlaßt, mich damit auseinanderzusetzen. Mein Geist kommt nicht zur Ruhe. Er arbeitet rege, sucht nach Ursachen, nach Beantwortung all meiner Fragen: Warum das Unglück geschehen ist, ausgerechnet meiner Tochter und damit mir, kann man damit leben, und wie? In uns Menschen sollen ja innere Kräfte wach werden, wenn uns ungewöhnliches Leid geschieht, das doch eigentlich über die Grenzen unserer Kraft geht? Ich jedenfalls fühle mich von all diesen Kämpfen nur müde, wie zerschlagen, ganz ohne Kraft und Lebenswillen. Eigentlich bin ich schon gestorben, lebe gar nicht mehr wirklich. Ich bewege mich ständig an einem Abgrund. Meine Mutter hat heute versucht und geschafft, mich festzuhalten. Ich habe es gespürt, aber eigentlich ist es mir egal. Ich habe keine Angst davor abzustürzen. Ich habe vor nichts mehr Angst. In mir ist nur Trauer und Leere.

6. Dezember

Immer am Morgen, nach dem Erwachen, ist die Wirklichkeit für mich besonders schwer zu begreifen, schlägt sie unbarmherzig auf mich ein. Auch heute war es so. Ich wollte nicht aufstehen, nur die Augen wieder schließen, weiterschlafen, in meine Scheinwelt (Kerstin lebt und ist gesund) zurückkehren.

Am Abend schlafe ich schnell ein und schlafe gut und fest. Sicher tragen die Beruhigungstabletten und die kräftezehrende Arbeit während des Tages dazu bei. Sobald ich im Bett liege, spüre ich, wie sich mein ganzer Körper entspannt, die Seele hört auf zu „flattern", sinkt erschöpft zu Boden. Ich muß mich nicht kräftezehrend nach außen abschirmen, kann mich einfach fallenlassen. In der Nacht kann mir nichts und niemand weh tun. Und vielleicht träume ich ja wieder einen dieser wunderbaren Träume von Kerstin, in denen sie gesund bei mir ist, mit mir spricht, die Welt so schön in Ordnung ist, wie sie das im Wachzustand nie mehr für mich sein wird. In diesen Träumen gibt es eine Fortsetzung ihres Lebens, ist sie mir nah, spricht sie Worte, Sätze, die im Leben nie vorher gesprochen wurden. So finde ich im Schlaf die Ruhe, die ich so dringend brauche, um am Tag der ganzen Wucht der körperlichen und seelischen Schmerzen standhalten zu können.

Ich denke vor dem Einschlafen nur an Gutes, an

Kerstin, wie sie jetzt leben würde, an unsere gemeinsame Zeit, das Glück, das wir miteinander erlebt haben. Das Gehirn arbeitet ja angeblich in der Nacht da weiter, wo man im Wachzustand aufgehört hat zu denken. Ich hatte nie Alpträume und habe sie auch jetzt nicht. Die Nacht, der Schlaf ist für mich Ersatz für Tag und unerträglichen Wachzustand.

An den Wochenenden muß ich die Wohnung nicht verlassen, muß ich nicht arbeiten, kann ich tun, was ich möchte. Mein Gedanken sind nur bei meinem Kind, bei unserer gemeinsamen Zeit. Heute habe ich Briefe von Kerstin gelesen. Ich hatte den starken Drang dazu. Bisher habe ich es immer vermieden, mir persönliche Dinge von Kerstin anzusehen, weil ich es nicht ertragen konnte, daß diese materiellen Dinge alle Kerstin überlebt haben, noch fühlbar vorhanden sind, nur sie nicht.

Unter den Briefen fand ich auch eine Glückwunschkarte zum Frauentag in diesem Jahr. Sie bedankt sich darin für alles, was ich für sie getan habe. Unter Tränen wurde mir schmerzlich bewußt, daß das doch eigentlich sehr wenig war. Sie war immer selbständig, hat mir nie wirklich Kummer bereitet, immer fleißig gelernt, vom ersten Schuljahr an. Gab es Probleme, haben wir sie in einem Gespräch miteinander geklärt. Für uns gab es immer eine Lösung. Wir haben uns geliebt, uns voll vertraut. Auch ernsthaft krank war sie nie. Meistens ist sie auch tapfer mit einer Erkältung zur Schule gegangen, weil ich nichts davon hielt, bei jedem Husten oder Schnupfen gleich im Bett zu bleiben. Heute bereue ich es sehr. Ich hätte ihr manchmal die nötige Ruhe gönnen sollen! Um nicht selbst der Arbeit fern bleiben zu müssen, war sie die Leidtragende! Sicher hat sie es nicht so empfunden. Sie bedankte sich ja für alles, was ich für sie getan habe. Aber was war das schon Besonderes, was, das nicht auch andere Eltern, Mütter oder Väter für ihre Kinder tun? In einem entscheidenden Moment ihres jungen Lebens war ich nicht da, konnte ich nichts für sie tun. Alles Menschenmögliche hätte ich für sie getan, ihr mein ganzes Blut gegeben, wenn es möglich gewesen wäre.

Alle meine Wünsche sollen mir immer in Erfüllung gehen, schrieb sie. Ich hatte in meinem Leben nur einen alles andere überragenden Wunsch: daß sie gesund bleiben möge und daß ich sie nie überleben muß. Er ist nicht in Erfüllung gegangen. Und auch mein jetziger einziger Wunsch, sie möge gesund nach Hause kommen, wird wohl nicht in Erfüllung gehen. Es sei denn, es geschieht doch noch ein Wunder.

Mir fällt ein, daß ich, seit Kerstin in der Ausbildung stand und sie häufig Briefe schrieb, einmal gedacht habe, ich sollte die Briefe nicht einfach wegwerfen. Sie sind ein Stück von ihr. War es eine unbestimmte Vorahnung? Sicher nur die Erkenntnis, daß man diese so optimistisch und fröhlich geschriebenen Briefe nicht einfach wegwerfen kann. So wie ich alle Zeichnungen, die sie mir als Kind oft schenkte, aufgehoben habe. Wie auch immer, heute bin ich froh, daß ich sie noch habe.

Mit den Briefen habe ich den Anfang gemacht. Noch fehlt mir der Mut, auch in die Schränke zu sehen, dort etwas zu verändern. In jedem Kleid, jeder Hose steckt auch noch meine Kerstin. Sehr oft streichen meine Hände über die Gegenstände in ihrem Zimmer, die noch immer auch ein Stück von ihr sind. Liebevoll hat sie alles, vor allem auch Bücher zusammengetragen, ihre Freude daran gehabt. Wenn ich heute all das berühre, dann weiß ich, daß ihre Hände dies wohl sehr oft vor mir getan haben, sie dort ihre Spuren hinterlassen hat. Dann ist es auch ein wenig so wie das Streicheln ihrer Hände. Ich merke, wie mich dieses Schreiben heute besonders aufwühlt. Immer wieder muß ich mir die Tränen abwischen. Meine Augen sind vom Weinen rot.

7. Dezember

Heute kam ein Anruf von meine Mutter. Mein Vater liegt seit heute im Krankenhaus mit Magendurchbruch. Die Operation ist den Umständen entsprechend gut verlaufen. Meine Anwesenheit ist erst einmal nicht nötig, sagte sie. Ich solle mir keine unnötigen Sorgen machen. Wir müssen abwarten. Wir können gegenwärtig nichts für ihn tun, sagen die Ärzte.

Alles in mir bäumt sich dagegen auf. Immer nichts tun! Wieso können wir Menschen in bestimmten Situationen eigentlich nichts tun?! Haben wir nicht einen Kopf zum Denken und Hände, um etwas zu bewegen?! Ich fühle mich wieder so hilflos und ahne, es kommt neues Unheil auf mich zu.

11. Dezember

Drei Tage warten, zwischendurch Anrufe bei meiner Mutter. Keine Änderung. Ich habe den großen Drang, zu meinem Vater zu fahren, aber ich arbeite ja und kann es mir nicht leisten, ohne besonderen Grund in der Woche nach Ilmenau zu fahren.

Heute nun wieder ein Anruf meiner Mutter. Der Zustand meines Vaters hat sich verschlechtert. Seit gestern hat er eine Lungenentzündung dazubekommen. Er war heute nachmittag bei einem Besuch nicht mehr ansprechbar. Die Ärzte haben dafür keine Erklärung, sein Zustand ist sehr ernst. Meine Ahnung hat mich also nicht betrogen. Ich fahre morgen früh nach Ilmenau, informiere nur noch meine Dienststelle und will niemanden mehr sehen und nichts mehr hören.

12. Dezember

Es ist der Sterbetag meines Vaters. Ich kam zu spät! Wieder einmal zu spät. Was habe ich nur verbrochen, daß ich so bestraft werde? Ich dachte, ich bin schon ganz unten.

Ich fuhr heute morgen allein nach Ilmenau, mein Mann will nachkommen. Er hat dienstlich wichtige Termine. Ich allein eine Fahrt mit dem Zug, Zugräder, Bahnsteige, Gleise. Schreckliche Bilder zogen vor meinem geistigen Auge vorbei. Die Bahnfahrt war eine einzige Qual. Beim Aussteigen in Erfurt zitterten meine Beine so stark, daß ich mein Körpergewicht nicht abfangen konnte und mit dem Knie auf dem Bahnsteig aufschlug. Helfende Hände sorgten wieder für mein Stehvermögen, meinen aufrechten Gang.

Irgendwie schaffte ich es, nach Ilmenau zu kommen. Ein unsichtbares Band zog mich mit aller Gewalt. Ich wollte zu meinem Vater. Immer wieder mußte ich an unsere letzte Begegnung denken. Ich wollte ihn in meine Arme nehmen. Das war der einzige Wunsch, den ich heute spürte. Ich fuhr in die Wohnung meiner Eltern, und dort wurde ich mit der traurigen Nachricht empfangen. So blieb mir zwar das Krankenhaus erspart, aber es war kein wirklicher Trost. Viel lieber wäre ich dorthingegangen, um meinen Vater zu sehen, ihm wieder Mut zuzusprechen. Aber hätte ich das wirklich gekonnt? Mein lieber, guter Papa. Die Ärzte konnten sich den plötzlichen Abbau nicht erklären. Ich weiß den Grund. Als du nach dem Aufwachen wieder begreifen mußtest, daß unsere Kerstin nicht mehr lebt (so wie ich jeden Morgen), hattest du wohl keine Kraft mehr zum Weiterkämpfen, wolltest du so wohl nicht mehr weiterleben.

Obwohl wir nie darüber gesprochen haben, bin ich mir sicher, daß mein Vater sein Leben lang ein Christ geblieben ist, auch wenn er nicht jeden Sonntag in die Kirche gegangen ist. Vielleicht glaubte er an ein Wiedersehen nach dem Tod? Es ist wohl so: Christen finden eher Trost als wir Materialisten, die wir glauben, daß alles erklärbar ist. Vielleicht bin ich irgendwo in meinem Inneren auch noch ein ganz klein wenig Christ? Ich möchte so gern daran glauben, daß er zu Kerstin gegangen ist und sie nun im „Himmel" nicht mehr so alleine ist. Nur macht der Kummer um euch uns Lebenden das Leben so schwer, weil der Verlust nicht zu ersetzen ist. Ich erfahre nicht zweimal Leid, sondern es ist alles zu einem großen Schmerz verschmolzen. Er beherrscht mich ganz, mein Denken, mein Fühlen, nimmt mir jede Kraft. Bin ich nun ganz unten, oder kommt noch mehr?

13. Dezember

Ich war heute mit meiner Mutter bei ihrer Ärztin. Ich habe nicht die Kraft, um nach Berlin zurückzufahren, möchte wenigstens bis zur Beisetzung hierbleiben. Meine Mutter berichtete das ganze Geschehen, und während sie sprach, hatte sie Tränen in den Augen. Ich habe meine Mutter nur selten weinen sehen. Ich dachte nur: Du mußt dich in die Gewalt bekommen (meine Hände zitterten wieder unkontrolliert), ihr nur nicht noch mehr Kummer bereiten. Die Ärztin fand eine Krankschreibung und damit ein Verbleiben hier bei meiner Mutter die beste Lösung. So haben wir uns, können füreinander dasein. Nun habe ich wieder ein Ziel. Ich muß durchhalten bis zur Beisetzung meines Vaters. Alles andere ist mir egal. Sollen sie doch mit mir machen, was sie wollen. Ich will nur schlafen, schlafen, schlafen.

14.–20. Dezember

Die Tage bis zur Beisetzung meines Vaters vergingen ohne besondere Vorkommnisse. Ich habe viel geschlafen, manchmal gelesen, meiner Mutter bei der Hausarbeit geholfen. Das war es auch schon. Es gab nichts, was ich hätte in das Tagebuch schreiben können. Wir haben es beide vermieden, über Kerstin oder meinen Vater zu sprechen, weil wir uns beide nur etwas Ruhe wünschten. Wir waren einfach nur füreinander da, mußten uns beide zusammennehmen, den anderen möglichst den eigenen Kummer nicht spüren lassen, nicht klagen. Wir sprachen wenig, was hätten wir auch sagen können. Abends vor dem Einschlafen spürte ich jedesmal dankbar die streichelnde Hand meiner Mutter an meiner Wange, gab ich ihr die Liebe mit einem erzwungenen Lächeln und Streicheln über ihre Hände zurück. In diesen Momenten spürte ich wieder etwas Wärme in meinem Herzen und ein wenig Trost. So wie ich es als Kind verspürt habe, wenn ich von ihr in meinem kindlichen Kummer getröstet wurde.

Ich war immer froh, wenn wieder so ein sinnloser Tag vorbei war, ich mich wieder in mich selbst zurückziehen und schlafen konnte. Ich habe in diesen Nächten nicht von Kerstin geträumt. Sicher deshalb, weil ich alle Gedanken an sie immer wieder verdrängt habe. Ich wollte meine Mutter mit meinem

Kummer nicht zusätzlich belasten, und so kämpfte ich dagegen an. Ich hatte Angst, daß sie wieder weinen würde, und das wäre für mich unerträglich gewesen, hätte mich zusätzlich belastet.

22. Dezember

Gestern war wieder ein Tag der Beisetzung. Ich kann mich nur an weniges erinnern. Wie viele Tabletten ich eingenommen habe, weiß ich nicht. Man gab sie mir, und ich schluckte sie brav, weil ich mir davon die einzig mögliche Hilfe erhoffte, alles gut zu überstehen.

Diesmal ein Sarg. Die Verbrennung und die kurze Urnenbeisetzung sollen später erfolgen. Der Sarg war verschlossen. Wir wollten keinen offenen Sarg, wollten unseren Vater in Erinnerung behalten, wie er war, und möglichst alles vermeiden, was den Schmerz noch größer machen konnte, da der Kummer um unsere Kerstin noch zu sehr auf unserer ganzen Familie lastet. In so einem Sarg hatte auch meine Kerstin gelegen.

Die Eindrücke verwischten sich. Ich habe auf dieser Beisetzung meine Tochter noch einmal begraben, zusammen mit meinem Vater. Ich weiß nicht, wer während der Feier gesprochen hat, und auch nicht, was gesprochen wurde, welche Musik gespielt wurde. Ich erinnere mich nur, daß ich das Gefühl hatte, einen zentnerschweren Sack auf meinen Schultern zu tragen. Ich bekam den Kopf nur unter großen Schmerzen und großer Anstrengung hoch. Aber ich konnte weinen und schämte mich dieser Tränen nicht. Sie halfen mir, den Krampf etwas zu lösen. Ich konnte mich nur schwer auf den Beinen halten, weiß nicht, wie wir nach Hause gekommen sind. Ich wollte mich nur unter meinem Schutzmantel Schlaf verkriechen, weil von dort kein neues Unheil kommen konnte.

Weihnachten und der Jahreswechsel „stehen vor der Tür". Ich will nicht daran denken.

2. Januar 1984

Ein neues Jahr hat begonnen. Ich werde es leben müssen ohne Kerstin und ohne meinen Vater. Zwei schwere, traurige Wochen liegen hinter mir. Weihnachten bei meinen Eltern zu feiern, alle zusammen, ist Tradition in unserer Familie. Zwei liebe Menschen fehlten in unserer Mitte. Kein Weihnachtsbaum, keine Geschenke.

Die Erinnerungen ließen uns alle keine Ruhe finden. Sie überwältigten uns. Weihnachten ohne unseren Vater. Wir erinnerten uns zurück: Er hat uns in den Jahren nach dem Krieg die Christbaumkugeln selbst geblasen. Ich durfte dabei zuschauen. Für mich hatte er den schönsten Beruf, den ich mir für ihn vorstellen konnte. Dabei hatte er nach dem Krieg wegen seiner Beinverletzung zum Glasbläser umgeschult, war vorher Bäcker gewesen. Auch die Baumkerzen hat er selbst hergestellt. Er hat so vieles gekonnt. Selbst aus dem Nichts noch etwas gemacht, für uns. Wir haben zu ihm aufgeschaut. Wir haben ihn so sehr geliebt und lieben ihn noch.

Auch dieses Weihnachten gab es wieder Kartoffelsalat mit Würstchen, wie in all den Jahren zuvor, weil wir ja etwas essen mußten und auf die Traditionen nicht ganz verzichten wollten. Unvergessen ist das Jahr, in dem wir erstmals jeder nicht nur ein Würstchen zu essen hatten, sondern eine ganze Schüssel voll auf dem Tisch stand und jeder essen konnte, soviel er wollte. Mir war danach ganz schlecht, aber es war großartig, einfach unvergeßlich. Es wird nie wieder so sein.

Weihnachten mit Kerstin, 18mal. Wir erinnerten uns an ihre Freude über die Geschenke im letzten Jahr. Sie hatte besonders viel Freude am Auspacken vieler kleiner Päckchen. Deshalb bekam sie immer mehrere Geschenke, jedes einzeln verpackt, ein größeres Geschenk und viele kleinere. Wie konnte sie sich über alles freuen! Die Sehnsucht war übermächtig. Sie hielt mich wie in einer Zange. Ich war machtlos, wäre am liebsten davongelaufen, irgendwohin, wo die Welt in Ordnung war, meine Tochter lebt. Aber wohin?

Ähnlich war die Stimmung auch am Silvesterabend. Bis Mitternacht hatte ich mich noch so einigermaßen in der Gewalt. Aber um 24 Uhr war ich mit meiner Kraft am Ende. Was sollten die guten Wünsche zum neuen Jahr! Mir wird es doch nur Einsamkeit mit meinem Kummer, aber nicht mein Kind zurückbringen.

Ich will dieses Jahr nicht, mit Kerstins Geburtstag ohne sie, mit ihrem Todestag, mit nur traurigen Tagen, Wochen, Monaten, mit all dieser Qual. Ich konnte die Tränen nicht mehr zurückhalten. Ein Weinkrampf löste das Aufgestaute in mir. Wenn es einen Gott im Himmel gibt, dann kann er soviel Ungerechtigkeit nicht zulassen. Also gibt es ihn wohl nicht!

Und mein Flehen hörte auch niemand: Es darf alles nicht wahr sein, Kerstin lebt und kommt wieder nach Hause! Bitte gebt mir mein Kind zurück! Nur diesen einen Wunsch hatte ich für das neue Jahr.

5. Januar

Heute ist der Geburtstag meines Bruders, gratulieren, alles Gute wünschen. Das Leben geht weiter. Ich wünsche ihm von Herzen, daß er schnell über alles hinwegkommt. Er war es, der soviel erledigt hat mit den Beisetzungen, die regelnde und führende Hand im Hintergrund, und niemand hat gefragt, wie er sich dabei fühlte. Mir wird schmerzlich bewußt, daß wir in den Wochen seit Kerstins Unfall kaum miteinander gesprochen haben. Aber ich weiß, daß ich, wenn ich es gewollt hätte, jederzeit zu ihm hätte kommen können. Das gleiche kann ich auch von meiner Schwester sagen. Nur, ich habe diese Gespräche nicht gesucht, weil ich keine Kraft dafür aufbringen konnte, und ich kann es auch heute nicht.

Ich will nur nach Hause. Ständig unter Beobachtung zu stehen, ist so anstrengend für mich. Ich möchte wieder allein sein, mit meinen Gedanken an Kerstin in meiner vertrauten Umgebung. Ich sehne mich nach ihrem Zimmer, nach dem, was zu ihr gehörte, was sie berührte. Ich sehne mich so sehr nach ihr. Ich möchte mich einfach wieder fallenlassen.

Ich lasse mich gesund schreiben. Vielleicht geht es mir zu Hause besser.

8. Januar

Ich bin wieder zu Hause in Berlin, in unserer Wohnung. Ich habe nichts gewonnen. Was habe ich mir nur erhofft? Hier ist alles so still, ohne Leben. Ich finde keinen Halt, keinen Trost. Wie sinnlos alles ist, wie unwichtig! Zum Verlustschmerz kommt noch die Einsamkeit. Ich glaube, nun bin ich ganz unten. Ich kann nicht tiefer fallen.

Wie kommt das alles zusammen in dieser Welt? Gibt es Zufälle, oder geschieht nichts aus Zufall? Was ist Schicksal? Konnte der Zug nicht später in Leipzig einfahren, nur eine halbe Minute, oder der Zug nach Berlin einige Sekunden eher abfahren, dann hätte ihn Kerstin nicht mehr erreicht. Warum war da niemand, der sie zurückgehalten hat?! Fragen, auf die ich keine Antwort finde. Meine Mutter hatte mir schon als Kind immer dann, wenn etwas nicht so kam, wie ich es wollte, als Lebensweisheit beigebracht: Wer weiß, wozu das gut ist. Bis jetzt ging das auch immer auf. Nun stimmt auch diese Weisheit nicht mehr. Wozu kann es gut sein, daß ein so junger Mensch so früh sterben muß?! Nein, das ist für nichts gut!!

Warum konnte meine Kerstin nicht so zwischen Bahnsteigkante und Zug fallen, daß kaum Verletzungen vorhanden gewesen wären? Welch ein Glück im Unglück wäre es gewesen, sie nur leicht verletzt im Krankenhaus vorzufinden! Warum gleich so unabänderlich schwer, warum der Tod??? Und warum mit meiner Tochter? Warum geschieht mir dieses Unglück? Es gibt doch noch so viele andere Menschen! Und warum nicht mir, sondern anderen? Das Leid ist wohl doch verteilt auf dieser Welt. Und doch, warum werden einige Menschen davon verschont, und warum müssen andere dafür um so mehr davon ertragen? Keine Antwort.

Nur kein Mitleid mit mir selbst aufkommen lassen! Andere Menschen haben ähnliches und vielleicht noch Schlimmeres zu ertragen. Nur, ich kann mir für mich nichts Schlimmeres vorstellen. Aber Selbstmitleid hilft mir nicht in meinem Kummer. Ich sehe überhaupt nichts, was mir helfen könnte.

Ich weine wieder in Kerstins Kopfkissen, aber die Tränen schwemmen den Kummer auch nicht weg. Ich weine nicht aus Mitleid mit mir selbst, sondern aus Sehnsucht nach der wirklichen Nähe meines Kindes, einer Sehnsucht, die keine Erfüllung finden kann. Es ist wie eine Wunde, die sich nicht schließen will. Mir fällt das Atmen wieder schwer, wieder Rückenschmerzen, Stiche in der Herzgegend. Und morgen wieder arbeiten. Ich wollte es, obwohl die Ärztin in Ilmenau davor warnte, es sei dafür zu früh. Vielleicht verspreche ich mir davon auch wieder zuviel.

20. Januar

Heute kam Post für Kerstin und damit der Bescheid, daß sie sich die bestellte Gitarre abholen kann. Mir war zumute, als wollte man mich verhöhnen. Wie haben wir beide in den letzten eineinhalb Jahren auf diese Nachricht gewartet. Wie hätte sie sich darüber gefreut. Diese Gitarre war ein großer Wunsch von ihr. Vor zwei Jahren hatten wir ihr eine gebrauchte Gitarre geschenkt. Seitdem hatte sie sich das Gitarrespielen selbst beigebracht. Sie konnte es besser als ich mit meiner zweijährigen Ausbildung. Ich sehe sie noch auf ihrer Liege sitzen und spielen, höre noch ihren Gesang. Und wieder ist alles gegenwärtig, die Sehnsucht schmerzt. Ich kann und will den Erinnerungen nicht ausweichen. Sie sind allgegenwärtig. Auch wenn sie weh tun, sie bringen mir mein Kind ganz nah.

21. Januar

Ich habe mir heute noch einmal den Film „ Sie tanzte nur einen Sommer" im Fernsehen angesehen. Und ich erinnerte mich, daß wir diesen Film bereits vor Jahren schon einmal zusammen gesehen hatten. Da war Kerstin 14 Jahre alt. Wir hatten uns noch ausgiebig über den Inhalt unterhalten, wie wir es meistens taten, wenn uns etwas sehr beeindruckt hatte. In diesem Film kommt eine junge Frau, fast noch ein Kind, bei einem Motorradunfall ums Leben. Sie hatte sich gerade verliebt, ihr Freund überlebt den

Unfall. Wir haben uns darüber unterhalten, wie schnell Leichtsinn zu Unfällen führen kann und wie kostbar das Leben ist.

Ich sagte damals, daß ich mir aus diesem Grunde auch niemals selbst das Leben nehmen würde, daß nichts so schlimm ist, daß man es nicht klären, einen Ausweg finden könnte, so wie man auf junge Menschen bewußt Einfluß nimmt, um ihnen auf dem Weg ins Leben hilfreich zur Seite zu stehen. Nun stehe ich vor einer Situation, die mir allen Lebensmut genommen hat. Verdammt, nun muß ich doch zu meinen Worten stehen!!! Es ist, als würde Kerstin mich an das einmal Gesagte, das wie ein Versprechen klingen mußte, erinnern, nun ein solches Handeln von mir fordern.

Mir ist ganz heiß im Kopf. Ich schäme mich für die Gedanken an Selbstmord, die mich in den letzten Monaten beherrschten. Ich muß leben, nicht für, aber wegen meiner Tochter, für mich, für meine Eltern, die Menschen, die mich lieben. Ich muß da durch, irgendwie muß ich durchkommen. Nur das „wie" weiß ich nicht!!!

„Augen zu und durch", so einfach ist das hier nicht. Es wird eine lange Zeit brauchen, und die Augen muß ich wohl weit aufmachen. Ich darf mich nicht verschließen vor dieser Zeit, muß mich stellen. Das heißt: Ich muß leiden, leiden, leiden, aber auch jede Möglichkeit ergreifen, die mich wieder ein Stück ins Leben zurückbringt. Wenn das doch nur so einfach wäre, wie ich das hier aufschreibe.

Noch sehe ich keinen Weg aus dieser Hölle. Wie tot ich innerlich bin, spüre ich daran, daß es mir egal ist, was mit mir geschieht. Ich habe vor nichts Angst. Als Kerstin noch lebte, hatte ich ständig Angst, daß ihr etwas geschehen könnte, daß meine Familie oder ich in einen Unfall verwickelt werden könnten. Jetzt empfinde ich nichts davon. Sehnsucht und Trauer sind so vorherrschend, daß kein Platz ist für andere Gefühle.

Ich fühle mich wie ein welkes Blatt im Wind. Ein Windhauch genügt, um mich herumzuwirbeln. So fühlt man sich also, wenn man „keinen Boden mehr unter den Füßen hat".

Welchen Weg muß ich gehen, damit mein Herz aufhört zu bluten, meine Seele nicht mehr weint, wieder schwingen kann?

22. Januar

Meine Arbeitskollegin hat mir heute von ihrer Freundin erzählt, deren Tochter bei dem Verkehrsunfall ums Leben gekommen ist. Sie bekommt wieder ein Kind, mit 44 Jahren.

Oft habe ich in den letzten Wochen über eine solche Möglichkeit nachgedacht. Vor einigen Monaten noch hätte ich zu jedem Menschen gesagt: Wenn ich kein Kind hätte, würde ich mir eines „machen" lassen oder ein Kind annehmen bzw. adoptieren, im Ton vollster Überzeugung, denn ohne Kind ist das Leben leer. Nun habe ich in meiner Situation doch große Bedenken. Wie würde ich mit der Angst um Leben und Gesundheit dieses Kindes leben können? Was, wenn wieder etwas ähnliches geschieht? Noch einmal so leiden? Würde das Kind gesund auf die Welt kommen, denn meine psychische und körperliche Verfassung ist alles andere als gut. Ich bemühe mich zwar, meine innere Ruhe zu finden, aber es gelingt mir nicht. Gegen dieses Gefühl der Trauer bin ich machtlos. Ich habe nichts in gleicher Stärke dagegenzuhalten. Auch das Bemühen, die Suche nach Ablenkung durch ununterbrochenes Tätigsein während des Tages kann diese Trauer nicht verhindern. Das sind sicher nicht die besten Bedingungen für das Wachsen eines neuen Lebens. Wie kann in einem Körper, in dem Herz und Seele krank sind, ein gesundes neues Leben heranwachsen? Und ich liebe meinen Mann nicht mehr. Würde ich uns beide nicht betrügen? Und doch, es könnte ein neuer Lebensinhalt, neue Freude sein. Ist das ein Weg aus dieser Hölle, ein neuer Anfang?

Es würde jedoch niemals ein Ersatz für meine

Kerstin sein. Dazu bin ich nicht fähig und auch nicht bereit. Meine Gefühle für meine Tochter waren und sind unteilbar. Niemand kann ausfüllen, was für mich einmalig war. Es könnte nur immer anders sein. Ich würde auch dieses Kind lieben, das weiß ich. Aber all das andere? Aber keinen Versuch wagen, würde das nicht bedeuten, daß ich mich aufgebe, nichts mehr vom Leben erwarte und auch nichts mehr zu geben bereit bin? Aber ich will doch leben, weil meine Kerstin das von mir erwartet hätte.

Ich bin zu müde, um weiter darüber nachzudenken. Vielleicht ist es einfach noch zu früh, um über solche Fragen zu entscheiden. Ich bin ja erst 41 Jahre alt. Die andere Frau ist 44.

20. Februar

Der Tag heute war ausgesprochen mies. Schlechter als die vorangegangenen Wochen. Ich hatte mich entschieden weiterzuleben, jeden weiteren Gedanken an Selbstmord nicht zuzulassen. Aber ich wollte sicher zuviel auf einmal, habe mir zuviel abverlangt. Ich mußte heute ständig gegen die aufsteigenden Tränen, den Kloß im Hals ankämpfen. Die Beherrschung nicht zu verlieren, kostete mich alle noch verfügbare Kraft. Wieder zu Hause, konnte ich den Tränen endlich wieder einmal freien Lauf lassen.

Nach Wochen ohne Tränen, aber mit dem ständigen Kampf gegen Trauer und Leid weinte ich wieder alles Angestaute aus mir heraus. Es geht mir nicht gut, nicht besser als am ersten Tag danach. Für mich hat mit Kerstins Tod eine neue Zeitrechnung begonnen. Es gibt für mich ein Davor und ein Danach.

Es sollte eigentlich ein neuer Weg ins Leben beginnen, aber ich sehe diesen Weg noch nicht.

Ich greife nach diesem Tagebuch, wie nach einem Rettungsring. Wieder schreiben, meine Gedanken und Gefühle ordnen, im Gespräch mit mir selbst nach Antworten auf meine Fragen suchen, meine kranke Seele entlasten, ihr helfen, sich ein wenig zu erholen, das ist mir ein ganz großes Bedürfnis.

Ich bin so verletzlich geworden. Jedes laute Wort, jede auch nur kleine Auseinandersetzung, alles, was aus dem alltäglichen Rahmen fällt, belastet mich so stark, daß mein Herz sofort bis zum Hals hinauf schlägt und diesen Kloß hervorruft. In der Zeit davor habe ich mein Herz nie selbst schlagen hören. Es arbeitete so wunderbar lautlos, so zuverlässig. Jetzt höre ich das Klopfen wie dumpfe Schläge in meinen Ohren, mal weniger laut, bei den genannten Belastungen besonders laut. Es ist nie ganz still. Schlägt so ein Herz, das vor Kummer und Leid blutet? Will es sich auf diese Art bemerkbar machen, mir etwas mitteilen, fleht es um Hilfe? Ich möchte ja so gern, daß es wieder zur Ruhe kommt, kämpfe mich durch dieses Leben. Aber an diesen Kämpfen ist mein Herz wohl auch beteiligt und findet deshalb keine Ruhe.

Kerstins Herz hat aufgehört zu schlagen. Einfach so, obwohl es so jung und gesund war. Oder vielleicht doch nicht? Vielleicht schlägt es im Körper eines anderen Menschen weiter? Es wäre ein gutes Gefühl, wenn es so wäre.

21. Februar

Ich bin eine Woche ganz allein. Mein Mann ist mit Studenten ins Praktikum gefahren. Die Ruhe tut gut, denn ich fühle mich endlich ganz unbeobachtet, wenigstens zu Hause. Aber so ganz allein komme ich mir noch hilfloser, noch verlorener vor. In Wirklichkeit brauchte ich gerade jetzt einen Menschen, den ich gern an meiner Seite hätte. Nur ist mein Mann nicht dieser Mensch. Er hat mich in all den Jahren unserer Ehe so oft allein gelassen, daß ich mich schon daran gewöhnt habe.

Heute morgen in der S-Bahn gingen mir die Gedanken – Trauerkleidung ja und nein oder wie lange – nicht aus dem Kopf. Mir ist es gleich, ob ich schwarze oder weiße, graue oder andere gedeckte Kleidung trage. Nur nach leuchtenden, frischen Farben steht mir nicht der Sinn. Für mich müssen die Farben der Kleidung mit der inneren Stimmung harmonieren. Also werde ich statt ständig schwarz wieder einmal eine graue Hose und eine weiße Bluse anziehen. Vielleicht hebt das etwas meine Stimmung, leuchtet mir auf dem dunklen Weg aus der Hölle.

Ich suche seit Wochen vergeblich nach Literatur, nach etwas, das mir Rat gibt, wie man mit so einem Schicksalsschlag leben, wie man damit fertig werden kann, nach etwas, das mir Mut macht, den Weg zeigt, den ich noch nicht gefunden habe.

Es kommt keine Hilfe für mich, und ich habe keine Kraft mehr, mit allem allein fertig zu werden. Mir fällt Romy Schneider ein, ihr angeblicher Selbstmord noch nach einem Jahr, nachdem sie ihren Sohn durch den tragischen Unfall verloren hatte. Ich habe sie bisher nicht verstehen können. Jetzt begreife ich mehr, kann verstehen, daß sie keine Kraft mehr hatte. Vielleicht war auch sie nur noch ein „welkes Blatt im Wind".

Wie auch immer, ich muß durch, denn ich habe es meiner Tochter versprochen.

Den Gedanken, daß alles nicht wahr ist, sie wieder nach Hause kommt, habe ich nicht mehr.

Ich habe begreifen müssen. Vielleicht ist das der erste Schritt in das neue Leben. –

23. Februar

Ich habe heute nacht wieder von Kerstin geträumt. Endlich! Sie saß in ihrem Sessel im Wohnzimmer, schaute sich Fotografien an. Ich trat hinter sie, strich ihr über das Gesicht, fühlte dabei ihr kaltes Näschen, so wie sie es oft hatte. Sie hob ihre Arme, faßte meinen Kopf von unten und drückte meinen Kopf an ihren. Keiner hat dabei etwas gesagt. So hatten wir es oft auch in der Wirklichkeit getan, unsere Liebe zueinander zum Ausdruck gebracht. Im Vorbeigehen tauschten wir manchmal solche Zärtlichkeiten aus.

Was für ein wundervoller Traum! Ein Wunschtraum sicher, aber in solchen Träumen werden all meine Wünsche erfüllt. Und so wünsche ich mir oft, daß Traum und Wirklichkeit sich umkehren. Dann wäre meine kleine Welt wieder in Ordnung. Ich warte auf diese Träume, die diese Begegnungen mit meinem Kind ermöglichen.

Wie sehr sie mir fehlt! Wie einsam und freudlos mein Leben verläuft! Leben? Wohl eher mein Dasein. Ich liege nach solchen Träumen wach, eine Erinnerung nach der anderen kommt zurück, und die Sehnsucht wächst und quält mich. Meine Hand möchte sie zärtlich streicheln, aber sie trifft nur immer ins Leere. Ich habe irgendwo gelesen: „Nur wer die Sehnsucht kennt, weiß, wie ich leide." Mein Leid nimmt kein Ende.

24. Februar

Meine Welt stimmt einfach nicht mehr. Es ist alles
durcheinandergeraten. Mein Leben war mit meinem
Kind verbunden, bis jetzt und für die Zukunft. Sie
hat eine solche herausragende, bestimmende, einmalige Stellung in meinem Leben, für die ich einfach
nichts Gleichwertiges finden kann. Wie schön war
es, gemeinsam über ihre Zukunft zu plaudern, sich
alles auszumalen. Wie sehr freute ich mich auf meine Enkel. Nun geht es einfach nicht weiter. Ich komme über die Schwelle nicht hinweg, nicht aus der
Dunkelheit heraus. Was gibt meinem Leben wieder
einen Sinn? Woran kann ich mich neu orientieren?
Jede psychische Tätigkeit soll Orientierungstätigkeit
sein, habe ich gelesen. Nun verstehe ich, was damit
gemeint ist. Ich mußte erst erleben, um wirklich zu
verstehen.

25. Februar

Die Töchter meines Mannes aus erster Ehe waren
heute mit ihren Ehepartnern und den beiden Enkeln
bei uns. Es war sehr anstrengend für mich. Ich spürte die Lücke, die durch Kerstins Tod entstanden ist,
besonders stark. Sie hatte es gern, wenn alle zusammen waren. Ich merkte, daß diese Lücke von allen
so empfunden wurde. Ich habe mich überwunden

und ihnen einige Kleidungsstücke von Kerstin mitgegeben. Von vielem kann ich mich einfach noch
nicht trennen. Es ist, als ob ich ein Stück von ihr in
den Händen halte und nun auch noch den mir ver-
bliebenen Rest von ihr einfach verschenke. Ich habe
Angst, dann gar nichts mehr von ihr zu besitzen.

Einige Kleidungsstücke von ihr passen mir selbst.
Ich werde sie tragen, wie die braune Bluse, die ich
heute schon anhatte. Es ist ein wenig so, wie Kerstin
hautnah zu spüren.

Ich muß mich jedesmal überwinden, in den geöffneten Kleiderschrank zu sehen. In mir ist alles
noch zu frisch, der Schmerz um den Verlust noch
zu groß, um tiefere Gefühle für andere empfinden
zu können. Auch hier ist, glaube ich, etwas in mir
gestorben. Welche Veränderungen hatte Kerstin in
mein Leben gebracht! Wie stark war und bin ich
noch heute abhängig von ihr!

28. Februar

Es war heute wieder ein tränenfeuchter Tag. Das
Weinen war mir immer ganz nah. Ich begreife jetzt
erst richtig, Stück für Stück, die unabänderliche
Tatsache, daß ich mein Kind nicht mehr wiedersehen werde. Ich fühle mich wie nach einer langen
schweren Krankheit, müde, zerschlagen, hilflos und

schwach allen äußeren Einflüssen ausgesetzt. Ich möchte auch jetzt noch nur schlafen, schlafen und von Kerstin träumen. Aber diese Träume sind selten.

Heute habe ich von rußgeschwärzten Bahngleisen geträumt, auf denen rotes Blut zu sehen war. Wahrscheinlich deshalb, weil mich die Gedanken an den Unfall und alles, was danach kam, nicht loslassen. Immer wieder diese Zweifel: Haben die Ärzte wirklich alles getan? Ist sie wirklich nicht mehr zu sich gekommen? Und immer wieder mache ich mir Vorwürfe, nicht darauf bestanden zu haben, gleich am Morgen nach dem Unfall und der Operation mein Kind sehen zu dürfen. Ist es wirklich besser so für mich? Vielleicht hätte ich ihr helfen können, hätten meine Liebe, meine Anwesenheit, meine Sorge um sie ihr doch geholfen, den Schock zu überwinden!? Vielleicht ist sie doch noch einmal zu sich gekommen, und ich war nicht da, mußte sie alleine sterben.

Das ist ein furchtbarer Gedanke! Er ist nicht zu ertragen! Am liebsten würde ich mit dem Kopf an die Wand rennen. Nicht mehr daran denken müssen. Hätte ich darauf bestanden, sie zu sehen und bei ihr zu bleiben, würde ich mich heute vielleicht nicht so quälen. Und ist es wirklich besser, daß sie gestorben ist, als ein behindertes Kind zu haben, wie der Arzt sagte? Das glaube ich nicht, denn es leben viele Behinderte, sie meistern tapfer ihr Leben und haben trotzdem Freude daran. Und ich hätte meine Kerstin noch, könnte ihr meine ganze Liebe geben, für sie dasein.

Auf all diese Fragen finde ich selbst keine Antwort. Mein Geist läßt mich nicht zur Ruhe kommen. Ich will nicht, daß mich der Kummer so niederdrückt. Ich sehne mich nach innerem Frieden, nach einem Leben ohne diese Last, und ich sehne mich nach meinem Kind.

Ich möchte aus dieser Gleichgültigkeit, alles ist mir egal, aus dieser Lethargie raus, weiß aber nicht, wie das zu machen ist.

1. März

Ich habe mir heute das letzte Tonband von Kerstin angehört, das Jan für sie überspielt hatte, weil sie von dieser Musik so begeistert war. Bis jetzt hatte ich mich davor gescheut. Es fällt mir schwer zu beschreiben, was ich beim Anhören empfand. Diese Musik ist so einschmeichelnd, daß man gezwungen wird hinzuhören. Ich fühlte mich meiner Kerstin so nah wie lange nicht mehr, fühlte erstmalig diese Musik verbindende Kraft. Vielleicht hatte ich heute die gleichen Empfindungen, die gleichen Gefühle, die gleichen Gedanken wie sie.

Etwas in mir löste und entspannte sich, die Tränen liefen mir die Wangen herunter. Ich fühlte mich etwas leichter. Nach und nach werde ich mir alle Tonbänder von ihr anhören, mir wieder ein Stück mehr von meinem Kind erschließen, in mir aufnehmen, was sie liebte, um es nie mehr zu vergessen. Vielleicht ist auf einem dieser Bänder auch ihre Stimme zu hören, denn wir hatten ihr vor einigen Monaten ein Mikrofon gekauft. Allerdings kann ich mich nicht erinnern, sie einmal beim Benutzen desselben erlebt zu haben.

Kerstin war 18 Jahre jung. In diesem Alter gehen junge Menschen bereits ihren eigenen Weg, haben selbstverständlich ihre kleinen Geheimnisse, wollen sich im Leben behaupten. Wie vieles aus ihren letzten Lebensjahren weiß ich nicht? Sie wird mir nie darüber berichten können.

Gestern abend vor dem Einschlafen spürte ich die warme Hand meines Mannes auf meinem Arm. Doch die Wärme kam nicht herüber zu mir. Wo ich sie fühlen sollte, spürte ich nur um so stärker die Kälte in mir. Ich glaube, in mir ist alles zu Eis gefroren. Ich fror innerlich, spürte bei seiner Berührung die „Gänsehaut" an meinem ganzen Körper und war froh, als er seine Hand wieder zurückzog. Ich spürte aber auch ein ganz starkes Bedürfnis nach Liebe und Verständnis, möchte mich in den Armen eines Mannes geborgen fühlen. Wie schön wäre es mit einem geliebten Mann an meiner Seite, der mich einfach nur in den Arm nimmt und sagt: Wein dich aus, ich bin da. Ich fühle wie du. Wir werden es beide schaffen. Aber dazu muß man sich wohl sehr nah sein. Es wäre alles besser zu ertragen. Wie nötig brauche ich Schutz vor allem, was mir immer wieder weh tut, brauche ich Trost und finde ihn nicht, auch noch nicht einmal in mir selbst. Ich fühle mich unendlich allein mit all dem Bedrückenden, mit meinem Kummer. Wie weit sind mein Mann und ich doch voneinander entfernt. Er kann mir das, was ich brauche, nicht geben.

2. März

Wir sind heute nach Ilmenau gefahren. Meine Mutter hat morgen Geburtstag. Wieder eine Fahrt mit dem Zug. Ich habe seit jenem Unglückstag etwas gegen Bahnhöfe, Züge und Gleise.

Meine Vorstellungen gehorchen mir nicht. Immer wieder rekonstruieren sie das Unglück. Die Gedanken daran schmerzen so, daß ich körperlich nachfühle. Ich sehe immer Kerstin auf den Gleisen liegen, verletzt, hilfsbedürftig, das Gesicht weiß, ohne Leben. Grausam ist sie, diese Vorstellung. Das Herz krampft sich zusammen, wieder diese Stiche, die mich nur schwer atmen lassen.

Früher bin ich gern mit dem Zug gefahren, weil man während der Fahrt seinen Gedanken ungestört nachhängen und die Landschaft bewundern konnte, die aufgrund der schnellen Fahrt des Zuges immer wieder etwas Neues bot. Mit Kerstin bin ich besonders gern gereist, und es beruhte auf Gegenseitigkeit. Wir hatten viel Zeit füreinander, konnten uns unterhalten, waren nur füreinander da. Als sie noch klein war, haben wir während der Fahrt immer lustige und unterhaltsame Spiele gemacht, wie zum Beispiel: Wer sieht zuerst ein bestimmtes Tier, einen „Trabbi" oder einen ganz bestimmten Baum, bestimmte Blumen. Auch solche Erinnerungen kamen während der Reise, und sie sind bitter für mich, weil mir bewußt wurde, daß das nun endgültig vorbei ist. Ich wünschte, ich könnte mich an diesen Erinnerungen erfreuen, aber noch schmerzen sie.

Außerdem war der Zug heute voll und der Wagen, in dem wir saßen, nicht geheizt. Also insgesamt keine angenehme Fahrt, Kälte von außen und von innen.

Das Wiedersehen mit meiner Mutter war das einzig Gute an diesem Tag. Sie ist mir jetzt das Liebste, was ich auf dieser Welt habe. Ich spürte aber auch ihren forschenden Blick. Ich glaube, ich kann ihr nichts vormachen. Sie weiß, wie es in mir aussieht. So sind nur Mütter. Ich habe auch immer gespürt, wenn Kerstin irgendeinen Kummer hatte, wenn etwas nicht stimmte. Dann brauchte ich nur einen Impuls auszulösen, und sie hat sich alles von der Seele geredet. Danach war uns beiden immer leichter. Ich habe alle ihre kleinen und großen Sorgen und Probleme immer sehr ernst genommen, gern zugehört, viel Verständnis für alles gezeigt. Wo es angebracht war, habe ich aus meinem Leben und ähnlichen Situationen berichtet, wo ich Probleme hatte und wie ich sie gemeistert habe oder wie sie sich manchmal von selbst lösten. Es gibt so viel Ähnliches im Leben der Menschen, Parallelen lassen sich meistens ziehen. Meine Kerstin brauchte diese Achtung und Zuwendung, und sie wollte immer mehr aus meinem Leben erfahren, besonders auch, daß auch bei mir nicht immer alles glatt verlaufen ist, ich auch nicht alles bekommen konnte, was ich wollte, aber trotzdem mit meinem Leben zufrieden und oft auch glücklich war.

Es gab nichts, worüber wir nicht miteinander reden konnten. Fast alles haben wir zusammen besprochen, uns beraten. Liebe, Vertrauen und Achtung voreinander hielten sich die Waage.

Dieses Verhältnis zueinander hatte sich besonders in den Jahren nach meiner Scheidung von Kerstins Vater ausgeprägt, in denen wir beide allein waren. Und es hat sich auch später nichts daran geändert.

Das war es wohl auch, was Kerstins Freundin nach einem längeren Besuch bei uns veranlaßte zu sagen: „Ihr habt ein ganz besonderes Verhältnis zueinander, deine Mutti und du. Das habe ich so noch nicht erlebt."

Ja, es war schön mit ihr, eine herrliche Zeit, die mir niemand nehmen kann, diese 18½ Jahre.

3. März

Der Geburtstag meiner Mutter. Unsere Familie wieder einmal zusammen. Bedrückend die beiden Lücken, die der Tod gerissen hat. Wir wissen, daß jeder so empfindet, aber gesprochen wird nur wenig darüber. Warum auch noch „Öl in die Wunden gießen"?!

Mein Bruder hat Vergrößerungen von einem Paßbild von Kerstin anfertigen lassen. Es ist mir das liebste Bild von ihr, erst im letzten Sommer gemacht worden. So sah sie in den letzten Wochen aus. Sie lächelt auf dem Foto, als wolle sie mir wieder neuen Lebensmut geben.

Mein Neffe hat seine Freundin mitgebracht. Im Sommer wollen sie heiraten. So bekommt unsere Familie ein neues Mitglied, eine liebe, ruhige junge Frau. Kerstin hätte sich bestimmt gut mit ihr verstanden. So ist das Leben. Eine mußte gehen, eine andere kommt. Es schmerzt, daß es sie, ausgerechnet sie nun nicht mehr gibt. Beim Anblick anderer junger Frauen spüre ich den Verlust besonders stark.

6. März

Ich habe mich auf der Bahnfahrt erkältet und fühle mich nun doppelt mies. Die Erkältung macht mich zusätzlich müde. Ich möchte die Augen schließen und nie wieder öffnen, denn wenn ich sie aufmache, wird mir meine aussichtslose Lage mit aller Macht bewußt. Ich werde nicht fertig mit meinem Kummer und möchte mich doch so gern wieder auf etwas freuen können, spüre aber, daß ich es ohne meine Tochter nicht kann. Alle Freude, alles Glück, alle Hoffnung sind mit ihr gegangen. Ich weiß jetzt, daß Freude aus der Seele kommt, nicht von den Dingen. Und weil meine Seele krank ist, kann ich auch keine Freude empfinden.

Die Menschen um mich herum reden vom Wetter und freuen sich auf den Frühling, den Sommer, die Urlaubszeit. Auch ich sehne die Kur, den Urlaub herbei, weil ich die Ruhe dringend nötig habe. Aber ich habe Angst vor dem Frühling, dem Sommer, dem Herbst, weil ich weiß, daß diese Zeiten so viele schmerzvolle Erinnerungen bringen, die mich nur quälen und mir das Herz schwermachen. Der Frühling mit Kerstins Geburtstag, der Sommer mit dem Ausbildungsabschluß ihrer Klasse, dem Abiball, an dem mein Kind nicht mehr teilnehmen kann. Wir wollten nach Johanngeorgenstadt fahren, um mit ihr zu feiern. Sie wollte uns alles dort zeigen. Wie hatten wir uns schon darauf gefreut! Nun hat das Schicksal so unbarmherzig alles, was noch kommen sollte, einfach zunichte gemacht. Über ihr Kleid zum Abschlußball hatten wir uns schon unterhalten, ohne daß bereits Konkretes festgelegt worden war. Ich wollte es ihr nach ihren Wünschen selbst nähen. Im Sommer müssen wir nun allein Urlaub machen, und der Herbst bringt die schrecklichen Erinnerungen an das Unglück und Kerstins ersten Todestag. Ich kann und will nicht daran denken. Heute glaube ich, daß ich nie über alles hinwegkomme, denn der Schmerz ist genauso groß wie in den ersten Wochen danach.

Wann tritt endlich Linderung ein? Ich suche im Dunkeln nach einem Weg.

8. März

Wieder so ein wundervoller Traum von Kerstin. Sie teilte mir mit, daß sie wohl eine Brille tragen muß, weil sie rote Funken sehe, die sich überkreuzen. Ich tröstete sie und sagte ihr, daß ihr eine Brille bestimmt gut stehen wird. Ich nahm ihr Gesicht in meine Hände und fühlte (auch noch nach dem Erwachen) ihre weichen glatten Wangen.

Meine Mutter hat sich zwei neue Brillen gekauft. Wir hatten sie uns am Wochenende angesehen und festgestellt, daß ihr die Brille für die Weitsicht besonders gut steht. Sicher von daher dieser Traum. Aber nun in Verbindung zu meiner Tochter, der ich in Gedanken sehr oft über die Wangen streichle. Oft streichen meine Hände auch über ihr Foto, und ich wünsche mir dabei: Komm wieder zurück. Laß alles nicht wahr sein. Du fehlst mir so sehr.

10. März

An den Wochenenden fahren wir jetzt auch wieder auf unser Wochenendgrundstück im Norden von Berlin. Wir haben es im Herbst 1982 gepachtet, im Frühjahr und Sommer 1983 dann einen Bungalow darauf gebaut, der aber nur im Rohbau fertig wurde. So hat ihn Kerstin noch erlebt. Sie fand es genauso herrlich wie wir: Ein Wochenendhäuschen mitten im Kiefernwald. Sie wird nun nie erleben, wenn alles fertig ist. Es ist noch so viel zu tun. Damit sind die Wochenenden ausgefüllt. Es lenkt wenigstens für Stunden etwas ab.

Ich habe uns heute Tassen für den Bungalow

gekauft und mich gefragt: Warum tue ich das eigentlich? Mir ist plötzlich bewußt geworden, daß ich solche Anschaffungen bisher getätigt habe mit der Sicht, das wird einmal Kerstin bekommen. Es ist nichts umsonst. Nun ist danach nichts und niemand mehr. Mit Schrecken wurde mir bewußt, daß ich, wenn ich alt werde, einmal ganz alleine sein werde. Niemand wird dasein, um mein Herz zu erfreuen. Ich werde nichts hinterlassen, was wirklich wertvoll ist. Wozu habe ich gelebt? Aber nein, mir wird bei diesem Gedanken ganz heiß, man lebt doch nicht für andere, sondern für sich, sein eigenes Leben!

Und das ist mein Leben! Auch ich habe nur dieses eine. Ich muß meinen Weg gehen, der mir vorbestimmt ist, muß mein Schicksal annehmen. Ständig dagegen anzukämpfen, kostet mich soviel Kraft. Irgendwo führt ein Weg sicher auch aus dieser Hölle heraus, irgendwo ist bestimmt auch Licht, irgendwann wird es bestimmt wieder leichter zu gehen, zu atmen, zu leben. Ich glaube daran. Und wo Glaube ist, ist auch Hoffnung.

Bedeutet diese Erkenntnis einen neuen Anfang für mich? Muß ich nur „einfach" lernen, für mich selbst zu leben?

11. März

Mein Mann brachte mir heute einige Medikamente gegen meine Erkältung mit. Die Ärztin hat ihn nach meinem sonstigen Gesundheitszustand befragt, und er hatte ihr (seinen eigenen Worten entsprechend) gesagt, daß ich mich gefangen habe und schon wieder aktiv arbeite.

Wie wenig er doch von mir weiß, meinen inneren Kämpfen, meiner Zerrissenheit, meiner Trauer. Mir ist klar, der Tod Kerstins ist für ihn wohl nur eine Erscheinung seines Lebens wie andere auch. Er ist längst zum Alltag zurückgekehrt. Aber ich habe noch keinen neuen Anfang gefunden. Was heißt das, für sich selbst leben? Ich habe in den fast 19 letzten Jahren meines Lebens vor allem mit und für mein Kind gelebt. Das war mein hauptsächlicher Lebensinhalt, der mich ausfüllte und glücklich machte. Wie macht man das nun, vor allem an sich selbst zu denken? Kerstin war mein Kind und damit ein Teil von mir selbst. Mit ihr ist dieser Teil in mir ebenfalls gestorben. Reicht das, was mir geblieben ist, für ein neues weiteres Leben? Ein Leben, in dem ich nicht mehr Mutter sein kann. Oder vielleicht doch? Gehört das zu diesem neuen Leben dazu? Mutter zu sein, das ist etwas Großes, Einzigartiges.

Ich hatte meine Kerstin wenigstens 18½ Jahre, durfte für diese Zeit Mutter sein. Ich kenne dieses

Gefühl, und ich weiß, was ich hatte. Viele Frauen gibt es, die nie ein Kind bekommen können. Sie werden um dieses Gefühl betrogen oder betrügen sich selbst. Es ist wie so oft im Leben: Was ich nicht kenne, vermisse ich meistens auch nicht, und habe ich es erst kennengelernt, möchte ich nicht mehr davon lassen.

Wie es auch kommen wird, ich habe wenigstens meine Erinnerungen, die mir niemand mehr nehmen kann. Ich müßte eigentlich dankbar sein, aber es fällt mir schwer, weil ich mich nicht damit abfinden kann, daß nun alles vorbei ist. Ich wollte das Muttersein ganz auskosten, bis an mein Lebensende Mutter sein.

Ich wollte erleben, was mein Kind aus seinem Leben macht, wie sie es meistert, was sie später interessiert. Ich wollte sie glücklich sehen, wollte mit ihr gemeinsam älter und alt werden, wollte, wenn ich alt bin, wissen, daß sie da ist. Mein Kind, nicht mein Eigentum, aber ein Teil von mir.

12. März

Heute nacht hatte ich wieder einen Traum von Kerstin. Wir saßen in ihrem Zimmer, und sie fragte mich, wann wir wohl die Gitarre endlich bekommen würden. Ich wußte nicht recht, wie ich es ihr

sagen sollte, daß ich den Kaufbescheid an eine Bekannte weitergegeben hatte und wir nun keine Gitarre kaufen können. Kerstin selbst blieb undeutlich
im Gegensatz zu den anderen bisherigen Träumen,
in denen ich ihr Gesicht immer deutlich sehen und
fühlen konnte. Das Problem mit der Gitarre beschäftigte mich ganz, stand im Vordergrund. Vielleicht deshalb, weil es mir sehr weh getan hatte, den
Kaufbescheid, auf den wir so lange warten mußten,
einfach so weiterzugeben.

15. März

Ich habe mir heute einige Farbdias und Fotos von
Kerstin aus ihrer Kindheit immer wieder angesehen.
Es tat mir gut. Viele gemeinsame Erlebnisse zogen
an meinem inneren Auge vorbei. Diese Zeit haben
wir gemeinsam erlebt und voll ausgelebt. Auch wenn
Kerstin noch leben würde, wäre sie vorbei, unwiederbringlich. Aus dem kleinen niedlichen Mädchen
ist (auch unter meinen Händen) ein junger Mensch,
eine junge Frau geworden, die ganz am Anfang eines
neuen Lebensabschnittes stand, die so viele Wünsche, Träume und Ziele hatte.

So als hätte jemand das Licht ausgelöscht, geht
nun nichts mehr, gar nichts mehr. Wie kann man
das begreifen? Beim Betrachten der Bilder der letz-

ten Jahre und besonders des letzten Sommers sind die inneren Qualen nicht zu beschreiben. Es ist so, als ob sie bei mir ist, und wenn ich zufassen will, entgleitet sie mir wieder. Sie ist mir nah und doch unerreichbar fern.

Es wird nichts mehr mit ihr geschehen, das, was sein sollte, was sie wollte, was wir uns vorgestellt hatten, wird nicht mehr sein. Dieser plötzliche Abbruch ihres Lebens mitten in der Blüte, es klingt nichts mehr weiter, nur noch etwas nach. Es bleibt nichts als die Erinnerung.

Aber ihr Leben und damit unser gemeinsames war reich, und so gibt es jetzt viele, vor allem schöne Erinnerungen. Durch ihren Tod sind diese noch stärker, klarer, dominanter geworden. Sie sind der „Strohhalm", an den ich mich jetzt klammere.

29. März

Heute wäre meine Kerstin 19 Jahre „alt" geworden. Ich erinnere mich so genau an ihren Geburtstag, als wäre es erst heute geschehen. In der Nacht vom Sonntag zum Montag, 23 Minuten nach Mitternacht, kam sie 1965 auf die Welt. Hätte sie sich etwas beeilt, wäre sie ein Sonntagskind geworden. Die Geburt war anstrengend, wie das nun einmal so ist, aber ich empfand keine wirklichen Schmerzen.

Für die Zeit damals keine Selbstverständlichkeit. Ich hatte mich mit der kleinen Broschüre „Mußt du mit Schmerzen gebären" vertraut gemacht und mich dann bei der Geburt nach den darin enthaltenen Hinweisen (Atemtechnik usw.) gerichtet. So habe ich vor allem gute Erinnerungen an dieses Ereignis, wurde die Geburt zu einem einmaligen Erlebnis.

Meine Tochter verschaffte sich sofort Gehör und schrie aus voller Lunge. Als die Krankenschwester sie an den Beinen nahm und hochhielt, damit ich sie auch in ihrer ganzen Größe sehen konnte, fragte ich vor Staunen und Freude, ob auch alles dran sei. Sie war ein gesundes, kräftiges Baby. Beim Waschen und Wickeln rief mir die Schwester dann zu, ob ich gesehen hätte, daß mein Kind ein Grübchen im Kinn hat? Das hatte ich natürlich nicht bemerkt und freute mich nun darüber. Das ist etwas Besonderes, dachte ich, das hat nicht jeder. Mein Kind kann man nicht vertauschen. Ein großes Glücksgefühl empfand ich auch darüber, daß es ein Mädchen war. Ich hatte zwar immer gesagt, es sei mir egal, ob es ein Junge oder ein Mädchen wird, aber im Innersten hatte ich mir immer ein Mädchen gewünscht. Nun war sie da, meine Kerstin!

Das Jammern einer anderen Gebärenden, auch noch nach der Geburt ihres Kindes, nahm ich zwar wahr, aber es störte mich kaum. In mir war soviel Freude, ein so großes Glücksgefühl, wie ich es in meinem weiteren Leben nie wieder empfunden habe. Schade, daß mein Mann, den ich damals sehr geliebt habe, das nicht miterleben konnte. In diesem unwiederbringlichen Moment entsteht bereits eine Bindung zu diesem kleinen Wesen, wie es später so nicht mehr möglich ist. Dann ist nur alles anders.

Nur ein Gefühl beherrschte mich: Ich spürte eine große Erleichterung, alles hatte ich gut überstanden, mein Kind war gesund! Ich nahm mir fest vor, alles für dieses liebe kleine Wesen zu tun, immer für es dazusein, wenn es mich brauchte, es an die Hand zu nehmen und aus ihm einen guten, fleißigen, liebenswerten Menschen zu machen. Alles Glück dieser Welt wünschte ich meiner Tochter. Ich hatte ein Kind, etwas, das aus mir kam, nun immer zu mir gehören würde.

Als es draußen hell wurde, ich hatte nur vor mich hingeschlummert, zu groß war dieses Glücksgefühl, um trotz Erschöpfung fest zu schlafen, lag ich noch im Kreißsaal, weil ein Bett für mich erst am Morgen frei wurde. Man hatte mein Bett ans Fenster gerückt. Durch das Oberlicht (unten war Milchglas) konnte ich sehen, daß es ein strahlend schöner Märztag war, blauer Himmel und Sonnenschein, aber kalt, wahrscheinlich Frost.

Ich hatte Sehnsucht, hätte mein Kind gern im

Arm gehalten. Diese Möglichkeit erhielt ich erst, als ich endlich in ein Zimmer verlegt wurde und man mir Kerstin zum Stillen brachte.

Am Nachmittag dann der Besuch meines Mannes und meiner Schwiegereltern. Mein Schwiegervater gab mir einen Strauß Orchideen. Er hatte ihn besorgt für alle. Niemand hatte im Zimmer noch so einen schönen Strauß Blumen bekommen. Ich war richtig stolz. Die Freude darüber wurde jedoch etwas dadurch getrübt, daß ich die Blumen nicht von meinem Mann erhalten hatte. So stand er etwas hilflos an meinem Bett, mit leeren Händen.

Heute, am 29. März 1984, war das Wetter schon am Morgen trüb. In der Nacht hat es geregnet, auch am Tag hin und wieder Schauer. Der Himmel weinte mit mir. Alle Wunden rissen wieder auf. So begann schon die Woche, voller innerer Unruhe und Angst vor diesem Tag, immer in Gedanken bei meiner Kerstin.

Etwas Ablenkung brachte die Arbeit, die mich voll forderte, und zwischendurch sogar ein müdes Lächeln über lustige, zum Teil entstellende Formulierungen in unseren Ausarbeitungen. Am späten Nachmittag waren wir dann auf dem Friedhof. Ein kleiner Trost für mich, wir haben einen herrlichen großen Strauß Frühlingsblumen bekommen, Osterglocken, Tulpen und Fresien. Wir hatten Kerstin zum Geburtstag immer die ersten Frühlingsblumen geschenkt. Nun können wir sie nur noch zu ihrem Grab bringen.

In den Wochen nach der Beisetzung zog es mich immer wieder zum Friedhof, am liebsten alleine. Auf dem Weg zum Grab steht eine ca.1,50 Meter hohe Steinstatue mit Sockel. Darauf ein hockendes Mädchen mit einem Kranz in den Händen, die auf dem Schoß ruhen, den lächelnden Blick darauf gerichtet, das Haar zu Zöpfen geflochten. Ich glaube immer, die Gesichtszüge meiner Kerstin darin wahrzunehmen. Ich stehe jedesmal an ihrem Grab, verweile dort in meiner Hilflosigkeit und Trauer. Aber die Hoffnung, dort Frieden zu finden, erfüllte sich bisher nicht. Heute hatte ich zum ersten Mal das Gefühl, daß sie dort nicht ist. Nichts verbindet dieses Grab mit meinem Kind. Hier war sie nie, und so zog es mich mit aller Macht nach Hause. Dorthin, wo ich sie überall „sehe" und ihre Stimme „höre". Dorthin, wo ich unbeobachtet bin.

Den ganzen Tag mußte ich gegen den Kloß im Hals, den Druck in meiner Brust, der das Schlucken und Luftholen so erschwert, ankämpfen. Zu Hause allein konnte ich den Tränen wieder freien Lauf lassen und fühlte mich danach befreiter und in der Lage, diese Zeilen zu schreiben.

Nun ist auch dieser Tag fast zu Ende. Alles auf

dieser Welt ist vergänglich, sogar lebenslänglich, hatte einmal jemand im Scherz gesagt. Nur daß ich heute nicht darüber lachen kann. Mir war vorher nie so bewußt, was es heißt, das Ende, die Vergänglichkeit des Lebens. Erst jetzt ist mir wirklich klar, wie kurz das Leben ist und wie oft ich doch einfach nur so dahingelebt habe. Ich muß aufhören, einfach nur so dahinzuleben, muß wieder wirklich leben! Ich will es ja auch, denn die Größe des Menschen zeigt sich angeblich erst daran, wie er es schafft, mit solchen Schicksalsschlägen fertig zu werden, habe ich irgendwo einmal gelesen. Aber das ist wie so vieles leicht gesagt und so schwer getan.

2. April

Es wird Frühling. Aber ich kann mich nicht darüber freuen. Ich sehe zwar, daß sich alles entwickelt, grün wird, aber ich empfinde das wie eine Störung, wie einen Eingriff in meinen Organismus, etwas, das nicht zu meinem Trauerzustand paßt. In der Hölle, in der ich mich noch immer befinde, grünt und blüht nichts. Es ist nur grau und trostlos. Eigentlich bin ich ein Mensch, der die Natur liebt. Vorher hat der Anblick einer blühenden Landschaft, der bunten Wiesen, grünen Täler, grünenden Felder meine Seele immer zum Schwingen gebracht. Wie ein Vogel erhob sie sich und schwebte über diese wunderschönen Traumlandschaften dahin, leicht, beschwingt, schwerelos. Ein wunderbares Gefühl, aus dem mein Körper und Geist immer wieder neue Kraft schöpften.

Nun liegt meine Seele schwerverletzt am Boden, wie ein todkranker Vogel kann sie nicht mehr schwingen. Woraus schöpfe ich nun die Kraft, die ich so dringend brauche? Die Sonne scheint, aber ihre warmen Strahlen dringen nicht durch bis zu meinem Herzen, meiner Seele. Sie wärmen nicht. Ich friere in der Sonne. Die Vögel singen, aber ich kann mich nicht darüber freuen. Die ersten Blumen blühen, aber ich sehe es nicht wirklich, weil mein Blick nicht offen ist. Der dunkle Schleier der Trauer trübt meinen Blick. Die Wahrnehmungsfähigkeit meiner fünf Sinne funktioniert nicht. Meine kranke Seele und mein krankes Herz geben meinem Geist keine Chance, auf diesem Gebiet zu funktionieren. Man sieht, hört, riecht, fühlt und schmeckt nur mit gesunder Seele und gesundem Herzen gut. Ich bin nicht eins mit meiner Umwelt und schon gar nicht mit mir selbst. Ich fühle stets ein Unbehagen vor jedem neuen Tag, weil ich weiß, daß auch von jedem neuen Tag keine Linderung meiner Sehnsucht nach meinem Kind zu erwarten ist. Und ich kann und will nicht aufhören, auf sie zu warten. Entgegen meinem

Verstand klammere ich mich immer wieder daran, daß sie wiederkommt. Ich habe sie ja nur lebend gesehen, nie verletzt oder sogar tot. Immer dann, wenn der Schmerz und die Sehnsucht fast nicht zu ertragen sind, sage ich mir in tiefer Eindringlichkeit: Es ist alles nicht wahr, nur ein böser Traum! Das hilft mir, ruhiger zu werden, diese Herzstiche und das körperliche Unwohlsein etwas in den Griff zu bekommen. Was könnte mir auch sonst helfen?

Den Gedanken, daß sie nicht wiederkommt, will mein ganzes Wesen einfach nicht akzeptieren. Vielleicht deshalb, weil ich sonst mit all dem Leid nicht leben könnte?

Alle Menschen um mich herum sind längst zum Alltagsgeschehen zurückgekehrt. Für sie war es nur eine traurige Episode. Nur bei mir ist die Wunde noch längst nicht geheilt. Es gibt ja auch solche, die nie richtig heilen. Von den Erinnerungen leben reicht mir einfach nicht. Sie sind Vergangenheit und wären es auch, wenn Kerstin noch leben würde.

Das Schlimme ist, es gibt keine Gegenwart und keine Zukunft mehr mit ihr, keine neuen Berührungen und Begegnungen, die das Leben so reich und schön machen könnten. Es ist eine große Leere entstanden, ein Verlust an Beziehungen, für die ich noch keinen Ersatz gefunden habe.

Auch die tägliche Arbeit strengt mich an, nimmt

mir die letzte Kraft. Ich bin am Abend wie erschlagen, zu nichts mehr fähig. Es geht mit der Konzeption auch nicht richtig voran. Dabei brauchte ich gerade jetzt ein Erfolgserlebnis, etwas, das mir wieder Mut macht.

Ach, könnte ich doch wieder so unbeschwert glücklich „schweben", die Last und den Kummer, die mich fast erdrücken, einfach abwerfen!

4. April

Immer wieder hole ich mir meine Kerstin mit Hilfe meiner Vorstellungen in die Gegenwart. Es sind vor allem solche Vorstellungen über Ereignisse, die sich oft wiederholten und sich deshalb auch so eingeprägt haben. Wenn ich in der Küche stehe, sehe ich sie hereinkommen, sich an den Türpfosten lehnen und höre ihr „Hallo Mutti", ihre Haare vom Wind zerzaust, hinten zusammengebunden, wie sie es immer gemacht hatte, wenn sie am Ende der Woche nicht mehr so gut lagen. Ihr Gesicht leicht gerötet, erschöpft und müde von der Bahnfahrt und der anstrengenden Woche und sicher auch wegen des schweren Rucksacks. Ja, sie reiste immer wie ein echter Geologe mit einem Rucksack, nicht mit einem Koffer oder einer Reisetasche. Dieser Anblick hatte immer ein großes Gefühl der Zärtlichkeit in mir hervorgerufen.

Sie wußte, daß nun immer ein zärtliches Streicheln über ihre Wangen und ein Kuß von mir folgten, und erst dann legte sie den Rucksack und die Reisekleidung ab, verschwand in der Wanne. Danach hat sie sich immer ausgesprochen wohl gefühlt, wie neugeboren. Sie fand es herrlich, wenn ich sie nach dem Baden ins Badetuch eingehüllt und abgetrocknet habe.

Sie hätte es längst allein tun können, aber sie tat es nicht. Das Vergnügen war auf beiden Seiten. Sie so im Arm zu halten, frisch gebadet, ihr glückliches Lächeln zu sehen, hat auch mir immer sehr gutgetan. Bis ins Detail fühle ich das auch heute noch nach. Alle Einzelheiten, das Bad, die Wanne, das Badetuch sind auch heute noch Wirklichkeit, aber sie nur bildhafte Vorstellung. Dieses geliebte Gegenüber ist längst gegangen, für immer.

Ich stehe verloren in diesem Bad, vor der Wanne, die leer ist.

Ich muß raus aus diesem Tief, aus dieser Hölle, die mich gefangenhält. Ich brauche Ablenkung oder vielleicht noch mehr, einfach Ruhe und Entspannung.

Wir fahren morgen für drei Wochen zur vorbeugenden Kur. Ich darf nachholen, was mir im November nicht möglich war, zusammen mit meinem Mann. Vielleicht kann ich mich wirklich ein wenig erholen.

25. April

Die Kur ist vorbei. Ein Tag verlief wie der andere. Als angenehm empfand ich das Zimmer. Es hatte eine Veranda, von der wir direkt auf die Ostsee schauen konnten. Das tat ich sehr oft, besonders jeden Abend bis zum Dunkelwerden und manchmal auch in der Nacht, um die Schiffsbewegungen am Horizont beobachten zu können. Dann waren die Gedanken bei meiner Kerstin. Sie liebte die Ostsee ebenso wie ich. Wir waren deshalb seit ihrer Kindheit fast jedes Jahr dort, zuerst in Binz und dann viele Jahre zum Zelten auf dem Darß in Prerow. Ich sehe sie noch Sandburgen bauen, braungebrannt mit den kleinen Indianerfiguren in den Dünen spielen, höre ihr jauchzendes Lachen beim Baden in den schäumenden Wellen. Ein weiter Bogen schöner Erinnerungen zog an mir vorbei. Ich konnte ihnen in Ruhe nachhängen. Das war während der Kur meine liebste Beschäftigung.

Ansonsten begann jeder Tag mit der Gymnastik am Strand, danach Frühstück usw. Es folgten noch andere prophylaktische Maßnahmen, wie Wassertreten und Strandläufe. Ich machte alles mit, ohne sonderliche Freude, aber dankbar für die Abwechslung. Es war angenehm, nicht mehr über die geistige Erziehung der Kinder nachdenken zu müssen. Es tat gut, ohne diesen Druck, dieses Muß zu leben, das

ich immer als eine zusätzliche Belastung meines an-
gekratzten Gesundheitszustandes empfunden habe,
seit ich danach wieder mit der Arbeit begonnen hatte.

Seit dem ersten Tag der Kur nehme ich keine
Beruhigungstabletten mehr. Und es geht gut. Die
frische Seeluft, die Bewegung und die Ruhe ließen
mich schnell einschlafen. Ich bin sehr froh darüber,
denn ich hatte schon befürchtet, mich an die Tabletten gewöhnt zu haben. Immerhin habe ich sie fast
ein halbes Jahr jeden Tag eingenommen.

Ich fühle mich nach der Kur ruhiger, nicht mehr
so müde. Aber mein Leben hat sich nicht verändert.
Ich habe es auch nicht erwartet, weil das veränderte
Leben nur aus mir selbst kommen kann.

26. April

Wieder zu Hause, habe ich heute wieder von meinem Kind geträumt. Wir waren beide unterwegs,
irgendwo. Links neben mir Kerstin, neben ihr ein
Abhang. Sie rutschte ab und hing, sich mit beiden
Händen festhaltend, über dem Abgrund. Langsam
zog sie sich nach oben. Ich hielt ihre Hände, half
ihr. Ich hatte keine Angst um sie, in mir war keine
Unsicherheit. Ich wußte, daß sie es schafft. Danach
gingen wir beide einfach weiter.

Auch im Leben hatte ich eigentlich immer Vertrauen zu ihr und in das, was sie tat. Sie wußte sich auch meistens selbst zu helfen, scheute sich vor keiner Entscheidung oder Anforderung.

Ja, ich habe sie mit Liebe und Zuwendung verwöhnt, aber ihr nie das abgenommen, was einen jungen Menschen erst lebenstüchtig macht. Und so war sie das geworden, was ich mir bei ihrer Geburt vorgenommen hatte, ein fleißiger, von allen, die sie kannten, geachteter und liebenswerter Mensch. Noch heute höre ich einen Bekannten voller Achtung und Anerkennung sagen: Ach, das ist Ihre Tochter! Ich konnte immer stolz auf sie sein und bin es auch heute noch.

Was hätte noch alles aus ihr werden können!! Ihr weiterer Lebensweg begann sich gerade erst abzuzeichnen. Sie stand am Anfang des Erwachsenenlebens, am Beginn einer Liebe, von der ich wußte, daß sie alles zu geben bereit war, seit unserem letzten Einkaufsbummel. Der Gedanke daran, daß sie selbst noch nie intim mit einem Mann war, also nie kennengelernt hat, wie schön es ist, sich so zu lieben, schmerzt zusätzlich.

Sie hatte mir einmal gesagt: Das hebe ich mir für den Mann auf, den ich wirklich von Herzen liebe. Wir hatten geglaubt, daß dafür noch viel Zeit bleibt! Ich allein muß nun begreifen, daß sie nicht ausreichte, daß da nichts mehr kommt, daß sie das eigentliche Wunder des Lebens nicht erleben durfte.

Wer fühlt mit mir und versucht zu trösten? Es ist so schwer für mich allein. Niemand weint mit mir, und so können meine Tränen nicht mit anderen zu einem großen Strom verschmelzen, der alles Leid schneller wegspült.

Ich hole mir die Träume von Kerstin immer wieder in die Wirklichkeit, doch ich kann sie nur bedingt, nur für kurze Zeit festhalten. Danach werden sie überdeckt durch die wirklichen Eindrücke, wie auch immer diese sind, und sie sind für mich nur traurig.

9. Juli

Es hat nun endlich mit dem Grabstein geklappt. Auf dem Weg zum Friedhof ging ich beim Steinmetz vorbei. Er hat mir versprochen, ihn noch in dieser Woche aufzustellen. Ich bin froh, einen Grabstein aus Harzer Granit (hell, natur) bekommen zu haben. Er sollte so sein für meine Kerstin, als steinkundige, einmal vorgesehene Geologin.

Im Laden, wo ich alles Nötige abgesprochen habe, hängt ein Bild, von dem ich den Blick nur schwer abwenden konnte. Es zeigt eine trauernde Frau bei stürmischem Wetter (dunkle Wolken) auf einem Hügel, sich mit hängenden Armen schräg gegen den Wind (oder die Lebensstürme) stemmend, den Kopf halb gesenkt, Trauer, Trostlosigkeit und Verlorenheit im Blick. Ich stand ergriffen vor diesem Bild, fühlte ganz tief mit ihr. Der Raum zwischen Bild und mir war nicht mehr vorhanden. Es war, als ob ich in ihr war und sie in mir, als wären wir zu einer Person verschmolzen. Noch nie hat mich ein Gemälde so stark beeindruckt, so tief innerlich meine eigenen Empfindungen getroffen, mich so stark aufgewühlt. Ich fand nur schwer in die Wirklichkeit zurück. Wer so malen kann, muß selbst schon solche Trauer empfunden haben. Oder kann ein Maler nur bedingt beeinflussen, was der Betrachter beim Anblick seines Bildes empfindet? Vielleicht muß der „Boden" aber auch erst bereitet sein, um Wirkungen der Kunst so empfinden zu können?

Noch beeindruckt davon, konnte ich dem Verkäufer auf seine Frage, wie welcher Schriftzug auf dem Grabstein lauten und angeordnet sein soll, nur antworten, daß ich den Namen, den Geburtstag und den Todestag vermerkt haben möchte, sonst nichts, und daß noch Platz für meine eigenen Daten bleiben soll. Doch er sah mich ganz erstaunt an und machte mich darauf aufmerksam, daß ich, wenn die Mietzeit des Grabes abgelaufen ist, ja noch nicht einmal das Rentenalter erreicht haben würde, der Stein für mich damit gar nicht in Frage kommt.

Mir war, als hätte er mich wachgerüttelt, mir befohlen, zur Vernunft zu kommen, mich dem Leben zu stellen. Ich gab kleinlaut bei, und wir setzten dann konkret fest, wie die Schriftzüge auf dem Stein verteilt werden sollen.

Auf dem Weg zu Kerstins Grab waren meine Gedanken noch immer bei diesem Gemälde, bei dieser abgebildeten trauernden Frau. Es war, als stände ich noch immer davor, so genau sah ich jedes Detail vor meinem geistigen Auge, so stark hat sich das Gesehene in Sekunden in meinem Kopf eingebrannt. Es war gut, daß ich wieder alleine war. Ich möchte an Kerstins Grab niemanden bei mir haben, ungestört und unbeobachtet sein. Ich merke nicht, wie die Zeit vergeht, wenn ich an diesem Grab stehe. Erinnerungen ziehen vorbei. Ich „sah" sie heute an diesem Grab vor mir stehen, neben all den anderen, die in den Gräbern daneben bestattet sind. Alles ältere Menschen. Neben ihrem Grab eine Frau in meinem Alter. Ich würde so gern mit meiner Kerstin tauschen, sofort mein Leben geben, wenn sie dafür leben könnte. Was hat sie so jung auf dem Friedhof zu suchen?

Ich rede in Gedanken mit ihr, hole sie ganz nah zu mir, ihr Gesicht, ihre Augen, ihr Lächeln. Es liegen öfter Blumen auf ihrem Grab, vielleicht von ihren Großeltern aus Magdeburg, von ihrer Freundin Sabine, von Jan? Das allein erkenne ich als einen Grund an, daß man eine Urne auf einem öffentlichen Friedhof vergraben muß. Am liebsten hätte ich sie in unserem Garten vergraben, umpflanzt von schönen immergrünen Gewächsen, ohne besondere Kennzeichnung, nur uns bekannt, wo dieser Ort ist. Kerstin würde das bestimmt auch besser gefallen. Ich habe keinen wirklichen Bezug zu diesem Friedhof. Dort war meine Tochter nie wirklich. Mit diesem Ort verbindet mich nur die Tatsache, daß ihre Asche dort in der Erde ruht.

10. Juli

In einer Woche beginnt unser Urlaub auf dem Grundstück. Endlich nicht so früh aufstehen müssen, keine geistige Arbeit, endlich zusammenhängend mehrere Tage dort körperlich arbeiten, abschalten. Meine Mutter und Kerstins Opa aus Magdeburg werden zu Besuch kommen. Menschen also, die ich mag, die mir deshalb auch angenehm sind, denen ich nicht erklären muß, wenn mir nicht zum Reden ist. Konversation zu machen, bewußt und konzentriert an Unterhaltungen mit anderen teilzunehmen, strengt mich an, belastet mich, kostet mich zuviel Kraft, die ich aber für meine inneren Kämpfe selbst brauche. Noch suche und brauche ich die Gesellschaft anderer Menschen nicht wirklich. Ich suche selbst noch nach Antworten auf meine Fragen, suche nach Wegen, um mein Leben wieder meistern zu können, weil ich begriffen habe, daß mir dabei sowieso niemand helfen kann. Oder kenne ich nur einen solchen Menschen nicht?

15. Juli

Mehr als ein halbes Jahr ohne meine Kerstin. Was für schwere und kummervolle Monate. Ich glaube, ich habe verstanden, daß es ohne sie weitergeht, weitergehen muß.

Immer öfter kommen mir Gedanken an meine Kindheit und Jugend. So als müßte ich noch einmal dort beginnen, wo ich vor der Geburt meines Kindes stand. Immer häufiger kommen auch die Gedanken an ein zweites Kind. Die Freundin meiner Arbeitskollegin hat nun eine Tochter bekommen. Es ist alles gutgegangen. Ich denke, wir sollten es doch versuchen. Dann hätten wir ein gemeinsames Kind und unser Leben einen neuen Inhalt, unsere Ehe einen Sinn und damit vielleicht eine Chance.

14. August

Der Urlaub ist vorbei. Es war eine schöpferische Zeit. Wir haben fast nur gearbeitet, um an unserem Bungalow weiter voranzukommen. Kerstins Opa hat uns viel geholfen. Dafür bin ich sehr dankbar. Daß er auch jetzt noch die Verbindung zu mir hält, ist sicher auch ein Zeichen dafür, daß wir uns immer gut verstanden haben, ein gutes Verhältnis zueinander hatten, aber auch, daß er und Oma mit mir leiden, den Verlust von Kerstin ebenfalls noch nicht verkraftet haben.

Bis zum Dunkelwerden habe ich nur gearbeitet, u. a. einige Tage damit zugebracht, die Bitumenschindeln auf dem Dach des Bungalows anzunageln. Dabei habe ich mir meine Hose vollständig durchgerutscht, zwei große Löcher. Ich hatte das Gefühl, auf nackter Haut zu sitzen. Nur arbeiten, arbeiten, um an nichts anderes denken zu müssen, um mich abzulenken.

Während ich arbeitete, gab es für mich kein fassungsloses Verharren in der Verlassenheit, im Kummer, kein Versinken in der Trauer. Es gelang mir, mein Denken auf einen einzigen Punkt zu richten, alles andere konnte abgleiten. Nullzeit für Gefühle. Es war ein gelungener Rettungsversuch, mich der Trauer nicht auszuliefern, mich mit körperlicher Arbeit zu betäuben. Ich habe mir jeden Tag ein Ziel gesetzt, das ich erreichen wollte, und dann mit aller Kraft darauf hingearbeitet, erst Ruhe gefunden, wenn es geschafft war. So kam zur psychischen auch noch die physische Erschöpfung. Ich fiel jeden Abend ins Bett, schlief sofort ein, hatte keine Träume von Kerstin in dieser Zeit.

Meine Mutter mahnte mich in ihrer Sorge oft, mir doch endlich etwas Ruhe zu gönnen. Ruhe! Wo finde ich die? Halten meine Hände still, dann kommen die Gedanken und die Erinnerungen und damit die Sehnsucht, und alles bricht immer wieder auf, und ich fühle mich nur noch schlechter. Sie meinte es sicher nur gut. Aber dieses Tätigsein ist meine einzige Medizin. Und es ist eine sinnvolle Tätigkeit. Ich sehe, was ich gemacht habe, hinterlasse sichtbare Spuren, etwas auf lange Zeit Dauerhaftes.

Lange Zeit! Werde ich sie erleben? Und wie leben?

Zwischen den Arbeiten gab es auch schon wieder ein paar Gespräche mit den Nachbarn über den Zaun, Anteilnehmende Worte, die mir guttaten. Aber auch hier spürte ich immer die Hilflosigkeit, wenn das Gespräch auf Kerstins Tod kam, das Tabuthema. Leben ist Zukunft, der Tod hat keine Zukunft, warum also darüber reden?

Wenn ich auf dem Grundstück sehe, wie alles wächst, blüht, gedeiht, dann spüre ich einen großen

Drang, auf dieser Erde niederzuknien und zu schreien: Gib mir etwas von deiner Kraft, das alles durchzustehen. Wie auf den Winter wieder ein Frühling folgt, auf Sterben in der Natur wieder neues Leben, so muß doch auf Leid auch wieder Freude folgen!?

15. August

Die Gedanken an meine Kerstin lassen mich nicht los. Ich wache am Morgen mit ihnen auf, und die letzten Gedanken am Abend gehören ebenfalls ihr. Nur tut nicht jeder Gedanke nur weh. Erinnerungen schieben sich dazwischen, die auch manchmal lustige Momente mit ihr wieder aufleben lassen. Kerstin hatte ein sonniges Gemüt. Oft „saß ihr der Schalk im Nacken", riß sie andere mit ihrem Lachen mit, sorgte sie selbst für lustige, witzige Situationen. Sie war ein glücklicher Mensch, und sie hatte bereits viel von dieser Welt gesehen, mehr als ich selbst. Sie war mit ihrer Oma und ihrem Opa, meinen ehemaligen Schwiegereltern, oft auf Reisen, in der SU, Moskau, Leningrad, Baku, am Schwarzen Meer, in Bulgarien, Ungarn, der CSSR. Sie hat so viel gesehen und erlebt, wie es manche Menschen nie in einem langen Leben erleben werden. Und das alles bereits in ihrem jungen Leben, gerade so, als hätte sie vieles sehr schnell erledigen müssen, weil ihr nur wenig

Zeit dafür bleibt. Vielleicht ist da doch jemand, der das alles steuert? Wie auch immer, ich bin meinen ehemaligen Schwiegereltern sehr dankbar für das, was sie meinem Kind ermöglicht haben. Ich hätte das nie gekonnt. So war ihr kurzes Leben wenigstens ein reiches Leben, voller Erlebnisse und reich an Beziehungen und Freundschaften. Sie hat gern Briefe geschrieben und selbst viel Post erhalten. Alle Briefe hat sie ordentlich sortiert und nach den Briefpartnern geordnet in Heftern aufbewahrt. Mein gutes Kind, es hatte alles Sinn bei ihr. Ja, sie fehlt mir sehr, aber ich lerne langsam, mit dem Verlust und dem Kummer zu leben. So wie sie meine große Freude war, so glaube ich, daß ich mich nun nie mehr über etwas so richtig von Herzen freuen kann, weil mein ganzes Leben immer überschattet sein wird von dem Gedanken an meine mir so früh genommene Tochter.

Wenn ich Mütter mit Kindern sehe, dann frage ich mich oft, ob sie dieses große Glück auch richtig ermessen können? Ein Kind zu besitzen, es ins Leben zu führen, ihm alle Liebe zu geben, die es zum Großwerden braucht, seine Liebe und Zuneigung zu spüren und zu sehen und zu erleben, wie es sich entwickelt, und man sich selbst im Kind wiederfindet, das ist ein unglaubliches Gefühl, ein einzigartiges Geschenk. Ich beneide sie alle, die das noch erleben können. Aber erleben sie es wirklich alles so intensiv und bewußt? Ist für viele das alles nicht zu selbstverständlich?

Es schmerzt mich, wenn ich sehe, wie manche Eltern mit ihren Kindern umgehen, ihnen so oft Unrecht zufügen, weil sie sich gar nicht erst die Mühe machen, sich nicht die Zeit nehmen, sie wirklich zu verstehen, ihr Kind zum Beispiel auf der Straße einfach hinter sich herziehen, auch noch schimpfen, wenn es nicht schnell genug geht, obwohl die kleinen Beinchen gar nicht so schnell können. Macht ein Erwachsener einen Schritt, muß ein kleines Kind viele Schritte tun und dabei den angefaßten Arm auch noch für eine lange Zeit nach oben halten. Wie muß ein Kind dabei leiden! Verweinte, traurige Kinderaugen dürfte es eigentlich gar nicht geben.

Ich hatte heute ein solches Erlebnis. Jetzt ärgere ich mich, daß ich nicht mit der Mutter gesprochen habe. Aber einer Auseinandersetzung mit ihr wäre ich nicht gewachsen gewesen. Meine Nerven liegen blank, sind in keiner Weise strapazierfähig. Schon beim Gedanken an Rede und Widerrede habe ich ein flaues Gefühl im Magen, ein großes Unwohlsein. Vorher habe ich mich nie vor solchen Gesprächen gescheut. Nun bin ich nach außen kein Kämpfer mehr. Ich habe genug mit mir selbst, mit meinen inneren Kämpfen zu tun.

4. September

Mein Geburtstag. Ich wünschte, ich könnte ihn einfach übergehen. Ohne meine Kerstin habe ich auch daran keine Freude. Eigentlich müßte doch der Geburtstag eines Menschen von seiner Mutter gefeiert werden, denn sie ist es doch, die einen Grund zum Feiern hat, sie zuallererst. Mit was für sinnlosen Gedanken beschäftige ich mich. Aber meine Familie ist es vor allem, die mich mit ihrer Gratulation schon am Morgen an den Geburtstag erinnert, auch wenn ich ihn am liebsten selbst vergessen möchte. Ohne die Glückwünsche meines Kindes ist auch dieser Tag trostlos. Sie hatte sich immer selbst etwas Liebes einfallen lassen, nie vorher gefragt, was ich mir wünsche. Und so war ich immer gespannt auf ihre Geschenke. Meistens hatte sie selbst etwas Schönes gemalt oder etwas gebastelt, liebe Zeilen dazu geschrieben. Später hatte sie dann etwas von ihren Reisen mitgebracht, mir ein Buch oder Schallplatten geschenkt. Sie hat immer das Richtige getroffen.

Schon am Morgen nach dem Aufstehen spürte ich wieder diese Unruhe, hatte ich den bewußten „Kloß" im Hals, mußte ich schlucken, um die aufkommenden Tränen zu unterdrücken. Jedes Wort war zuviel. Noch auf der Treppe zu meiner Dienststelle war ich dem Weinen nahe. Nur vor den Kollegen nicht weinen! Ich habe mir einfach eingeredet, es sei ein Tag wie jeder andere. Alles geht mich nichts an. Und so brachte ich es tatsächlich fertig, über die netten Aufmerksamkeiten und ehrlichen Glückwünsche ein wenig Freude zu zeigen. Es war aber eher Rührung darüber, daß es alle so gut mit mir meinten. Mich bewegte die Frage: Was wird mir das neue Lebensjahr bringen? Ich wünsche mir wieder ein bißchen Gesundheit für mein Herz, meine Seele, ein wenig inneren Frieden, daß der Kummer kleiner wird und daß ich einen Weg aus dieser Hölle finde.

Nach Dienstschluß habe ich dann den Blumenstrauß meiner Arbeitskollegen an Kerstins Grab gebracht. Sie bedeuteten mir heute sehr viel. Deshalb gehören sie dorthin, wo mein Herz ist, bei meiner verstorbenen Tochter. Wenn ich vor ihrem Grab stehe, fallen mir immer wieder irgendwelche Gespräche mit ihr ein, in denen von ihrer Zukunft die Rede war. Traurig wurde mir bewußt, daß sie jetzt mit ihrem Studium in Greifswald begonnen hätte. Weil es nicht gleich möglich war, sich ihren Herzenswunsch zu erfüllen, Archäologie zu studieren (dazu muß man von einem Betrieb delegiert werden, und es gibt nur alle zwei Jahre ein Seminar an der Humboldt-Universität), wollte sie nun zuerst Geologie studieren. Ich hatte ihr Mut gemacht: Du hast immer noch Zeit, dir deinen Wunsch zu erfüllen. Das Archäologiestudium bleibt immer noch eine Möglichkeit.

Und Geologie interessierte sie ja ebenfalls. Ich war auch nicht mehr so jung, als ich mein Studium an der Humboldt-Universität absolviert habe.

Kerstin war für ein Studium im Ausland, in Baku oder Leningrad vorgesehen. Das hätte fünf Jahre fernes Ausland bedeutet, sehr selten zu Hause, weil wir häufige Flüge nicht hätten bezahlen können. Ich habe nichts von ihr verlangt, ihr die Entscheidung selbst überlassen. Schließlich war sie es ja, die dort hätte leben und studieren müssen. Eine Woche lang hat sie alles dafür und dagegen abgewogen und sich dann doch für ein Studium in der Heimat entschieden. Mir ist ein „großer Stein vom Herzen gefallen". Der Gedanke, sie dann sowenig zu sehen, nicht immer für sie dasein zu können, machte mir große Angst. Das sagte ich ihr natürlich nicht, um ihre für sie so wichtige Entscheidung nicht davon abhängig zu machen.

Leider habe ich sie nicht nach ihren Gründen dafür gefragt. Ich war nur einfach froh über ihre Entscheidung. Wir hätten noch viel mehr miteinander reden müssen. Heute würde ich gerne wissen, warum sie sich so entschieden hatte. Leider kann ich sie nun nicht mehr fragen. Es ist so schwer zu begreifen, daß das alles nun nicht mehr sein wird. So trage ich immer noch und immer wieder Stück für Stück all meine Hoffnungen zu Grabe. Wo ist nur ein Ausweg aus diesem ständigen Bergab? Wann geht es wieder bergauf? Ich tappe in dieser dunklen Hölle herum und finde einfach keinen Weg nach oben. Ich glaube, ich muß erst einmal alles ein ganzes Jahr ohne meine Kerstin erleben, um zu begreifen, daß es auch ohne sie weitergeht. Und nun stehen mir noch die letzten Wochen dieses Jahres bevor, der Unglückstag und alles, was danach folgte.

Ich ertappe mich immer öfter dabei, daß ich flehe: Lieber Gott, laß endlich alles zu Ende sein. Hilf mir hier raus. Du hast mich genug geprüft. Ich glaube, ich finde innerlich langsam zu meinem Glauben zurück. Ich wurde katholisch getauft. Bis zu meinem 14. Lebensjahr bin ich jeden Sonntag in die Kirche gegangen, und ich habe nur gute Erinnerungen an diese Zeit: Die Kommunion, die Mitternachtsmesse zu Weihnachten. Nie klang in meinem späteren Leben „Stille Nacht, heilige Nacht" schöner als in der Mitternachtsmesse am Heiligabend. Nie habe ich später ein schöneres Lied gekannt und mit solcher Inbrunst gesungen, wie „Maria, Maienkönigin".

Als wir 14 Jahre alt wurden, haben unsere Eltern es uns selbst überlassen, ob wir weiter in die Kirche gehen wollten oder nicht. Die Schule, unsere Gesellschaft hat mich dann zu einem materialistisch denkenden Menschen gebildet und erzogen. Nur heute, in meiner Not, hilft mir der Materialismus nicht weiter. Aus ihm kann ich keine Kraft schöpfen. Heute glaube ich mehr denn je, daß irgend jemand über mein Schicksal bestimmt, mir vieles vorbestimmt ist.

31. Oktober

Heute vor einem Jahr ist das Unglück geschehen. Ich kann weder sagen, daß dieses Jahr schnell, noch daß es langsam vergangen ist. Mir fehlt das Zeitgefühl. Ich kann nur nicht begreifen, daß wir inzwischen einen Winter, einen Frühling, einen Sommer und auch einen Herbst hatten, alles „seinen Lauf" genommen hat, als sei gar nichts von Bedeutung geschehen, ganz einfach ohne meine Kerstin. Würde sie noch leben, wäre sie nun auch ein Jahr älter. Was hat sie versäumt in diesem Jahr? Weltweit ist nichts besonders Bemerkenswertes geschehen. Aber sie wäre um ein Jahr Lebenserfahrung reicher, gute und sicher auch weniger gute Erfahrungen. Sie hätte viel Neues während des Studiums gelernt. Sie hätte geliebt. –

Schon den ganzen Tag quälen mich die Gedanken an das Geschehen vor einem Jahr. Die mir im Gedächtnis so stark haftengebliebenen Augenblicke dieses furchtbaren Tages leben in mir wieder auf.

Mein Mann hatte mit einem Zeugen des Unfalls

gesprochen, der im selben Zug wie Kerstin gefahren ist. Als sie mit dem Zug in Leipzig einfuhren, stand der Zug nach Berlin noch auf dem anderen Gleis abfahrtbereit. Alle glaubten, daß er noch wartet, weil es der letzte Zug in dieser Nacht nach Berlin war. Also sind alle gelaufen, um ihn noch zu bekommen. Kerstin war günstig eingestiegen, in den ersten Wagen, um nur eine kurze Strecke zum Umsteigen zu haben. Sie hatte an diesem Tag nur eine leichte Handtasche mit, lief allen voran. Der Zug fuhr ab, als sie den Bahnsteig erreichte, und so sprang sie auf den anfahrenden Zug auf. Sie hatte wohl nicht bedacht, daß die Türen automatisch schließen und nicht mehr geöffnet werden können. Sie rutschte ab und fiel zwischen Bahnsteigkante und Zug. Die hinteren Räder des letzten Wagens fuhren über ihre Beine. Der Zeuge hatte meinem Mann versichert, daß Kerstin, während sie auf den Gleisen lag, und bis zum Abtransport in die Klinik keinen Laut von sich gegeben hat. Sie soll gleich besinnungslos gewesen sein. Mich haben immer die Gedanken daran gequält, daß sie vielleicht vor Schmerzen geschrien hat, und ich war nicht bei ihr. Wenn Kerstin bereits klinisch tot in die Uniklinik eingeliefert wurde, muß sie bereits auf dem Bahnhof verblutet sein. Auf so einem großen Bahnhof, die Sanitätsstelle nur ein paar Meter entfernt! Das will mir nicht in den Kopf.

Während ich diese Zeilen schreibe, um mich abzulenken, ist es jetzt ein paar Minuten vor 21 Uhr.
Vor einem Jahr, ein paar Minuten nach 21 Uhr, ist
es geschehen.

Ich sehe vor meinem geistigen Auge den Zug
in Leipzig einfahren, sehe sie laufen und auf den
Zug aufspringen, sehe sie fallen und stelle mir all
das Schreckliche vor. Die Gedanken gehorchen mir
nicht. Der Schmerz ist nicht zu beschreiben. Ich
fühle ihn wie einen Dolchstoß in mein Herz, den
Stich bis in den Rücken. Ein eiserner Ring legt sich
um mein Herz, preßt meinen Brustkorb zusammen.
Ich kann kaum atmen. Ich bin allein, niemand lenkt
mich ab. Und so trifft mich alles wieder mit voller
Wucht.

Bitte, ich möchte aufwachen, und alles war nur
ein böser Traum!! Es fällt mir so schwer, mit dem
Unabänderlichen zu leben. Ich lebe in einem Tal der
Tränen.

2. November

Gestern ist meine Mutter gekommen. Sie hatte wohl
keine Ruhe, wollte mich wieder einmal sehen und in
diesen Tagen bei mir sein. Es ist gut, daß sie gekommen ist, ich habe vorgestern schon genug geweint.
Das lenkt ab, und ich darf mich meinem Schmerz

nicht hingeben, denn ich möchte ihr nicht noch mehr Sorgen bereiten. Ich kann sie so gut verstehen, ihre Sorge nachfühlen, war ich doch selbst Mutter. Sie hat mich zur Welt gebracht, mehr als 40 Jahre meines Lebens begleitet, mir immer mit Rat und Tat zur Seite gestanden, immer alles getan, was möglich war, und nun sicher den Wunsch, mir auch über diese schwere Zeit hinwegzuhelfen. Bei aller Selbständigkeit (ich hatte und habe ja keine andere Wahl) tut es gut, das zu wissen und zu fühlen. Es ist nur schade, daß sie so weit weg wohnt, wir uns nicht so oft sehen können. Sicher wäre es dann etwas leichter für mich.

Wir waren heute schon auf dem Friedhof, obwohl erst morgen Kerstins Todestag ist. Eigentlich ist sie in der Nacht vom 2. zum 3. November gestorben. Aber für mich bilden die Tage vom 31.10. bis 3.11. eine Einheit schrecklicher Ereignisse.

Es standen schon Rosen auf Kerstins Grab. Von Sabine oder von Jan?

3. November

Nun ist auch dieser Tag, sind diese Tage fast vorbei. Kerstins Oma und Opa aus Magdeburg waren am Grab und bei uns. Ich merkte, wie sehr auch ihnen unsere Kerstin fehlt. Die Lücke ist groß und nicht zu schließen. Alle sind wieder nach Hause gefahren. Ich bin ihnen so dankbar, daß sie bei mir waren, mit mir getrauert haben. Sie haben mich in meinem großen Schmerz aufgefangen, mir keine Zeit und keinen Raum gelassen, noch tiefer zu fallen, im Schmerz zu versinken. Gemeinsam waren diese Stunden besser zu ertragen. Nun tut es gut, wieder alleine zu sein, allein mit den Gedanken an mein Kind und meiner Sehnsucht nach ihr.

Ich fühle mich schwach und müde. Möchte nichts mehr sehen und hören. Der dunkle Vorhang schließt sich wieder. Ich stehe dahinter, wo es dunkel ist, alle anderen davor im Licht.

4. November

Abwechslung bringt an den Wochenenden immer das Grundstück, die Arbeit am Bungalow, die Bepflanzung. Dabei gehe ich nach einem selbstentworfenen Gartenplan vor. Jetzt im Herbst ist dafür Hauptpflanzzeit. Diese Arbeit ist für mich wie ein menschliches Gebet, von dem ich mir Erlösung erhoffe. Dabei kann ich abschalten, finde ich ein wenig Ruhe und Frieden. Ich kann dabei etwas verändern und fühle: Es geht weiter, wenn ich es nur akzeptiere und will. Es ist gerade so, als hätte dieses Fleckchen Erde mein Flehen erhört und will mich nun dafür entschädigen, was mir der Tod genommen hat, wie im ewigen Kreislauf der Natur: Wachsen, Gedeihen und Sterben und wieder neues Leben. Hier fühle ich mich als das, was ich bin, ein natürliches Wesen. Wie eine schöne Blume, die noch vor ihrer vollen Blüte geknickt wurde und sterben mußte, so wurde auch Kerstin mitten aus ihrem noch nicht voll entfalteten Leben gerissen, mußte sie zu früh sterben.

Ich spüre, wie aus der Natur neue Kraft in mich strömt, ich nur hier auftanken kann für das, was mich in der Woche wieder erwartet.

Ich weiß jetzt genau: Das Leben in und mit der Natur ist mein Weg aus dieser Hölle. Die Sonne und der Mond werden mir herausleuchten, der Wind, der Geruch der Pflanzen, der Erde und der Gesang der Vögel werden mir den Weg weisen, den Weg ins wirkliche Leben zurück, zum Licht.

Ich werde es schaffen!! Wie lang dieser Weg auch noch sein wird, ich will und werde es schaffen!! Das bin ich meinem Kind schuldig! Ich weiß, sie wäre sehr traurig, wenn sie sehen könnte, wie ich leide. Sie ist in diesem Kampf an meiner Seite, ihre Seele ist bei mir.

5. November

Ich habe heute nacht endlich wieder einmal von Kerstin geträumt: Wir machten zusammen Urlaub in einem Ferienheim. Wir sollten aber in getrennten Zimmern schlafen. Als ich beim Heimleiter war, um ihn zu bitten, dies zu ändern, uns in einem Zimmer unterzubringen, kam jemand hereingelaufen und bat mich, schnell mitzukommen. Es sei etwas geschehen. Mit der gleichen Angst, die ich damals bei der Nachricht von Kerstins Unfall empfunden habe, fragte ich beim Laufen, worum es denn gehe, und man antwortete mir, daß es um meine Tochter geht. Ich fragte, ob es denn sehr schlimm sei, aber bekam keine Antwort. Wir liefen und kamen in ein Zimmer. Dort lag Kerstin in eine Decke eingewickelt auf zwei Stühlen. Ich hockte mich zu ihr nieder und fragte sie, was ihr fehlt. Sie antwortete mir, daß sie Magenkrämpfe und „Mehlschnupfen" hat. Voller Erleichterung und unter Tränen sagte ich ihr, daß wir das schon wieder wegbekommen würden. Ich drückte sie an mich, und mit diesem Glücksgefühl wachte ich auf. Die Tränen liefen mir wirklich über das Gesicht. Zuerst noch vor Freude, daß es nichts Schlimmes war, und dann, wieder bei vollem Bewußtsein, vor Schmerz darüber, daß es nur ein Traum war. Es gibt meine Kerstin nicht mehr und damit auch nichts mehr zu heilen. Sie war doch ein Kämpferin. Warum nur hat man ihr keine Chance gegeben, um ihr Leben zu kämpfen?

Alle meine Träume von Kerstin waren bisher

Träume mit gutem Ausgang, Wunschträume. Wenn auch nicht wahr ist, was ich träume, so bedeuten sie mir doch sehr viel. In diesen Träumen ist sie mir immer ganz besonders nah, noch lebend nah, wird wahr, was ich mir so sehr wünsche, mir die Wirklichkeit aber nicht mehr geben kann.

Ich hatte Angst, daß ich sie mir irgendwann nicht mehr vorstellen kann, daß sie mir verlorengeht. Aber das ist bis heute nicht geschehen. Nichts aus ihrem Gesicht, von ihrem Körper, ihrem Wesen habe ich vergessen. Noch immer höre ich sie reden, lachen, singen, sehe ich sie sich bewegen, im Sessel oder an ihrem Schreibtisch sitzen, in ihrem Bett liegen, ist sie mir fast fühlbar nah. Welch große Vorstellungskraft hat sich inzwischen bei mir entwickelt. Mit ihrer Hilfe hole ich mir mein Kind in die Gegenwart. Dann ist es fast so, als ob sie bei mir ist. Das hilft mir, den Schmerz dann, wenn er nicht auszuhalten ist, wenn er droht, mein Herz zu sprengen, zu überwinden. Es ist ein ständiges Auf und Ab, ein ständiger Kampf.

4. Dezember

Mehr als ein Jahr ist vergangen. Ich habe alles einmal ohne mein Kerstin durchgestanden.

Wird es nun aufwärts gehen? Meine Kollegen helfen mir während des Tages über vieles hinweg, lenken mich ab. Es tut gut, daß wir uns so gut verstehen. Ich habe mich im letzten Jahr sehr oft gefragt, ob es nicht besser wäre, wieder in der Praxis zu arbeiten und die Forschung anderen zu überlassen, die das vielleicht besser können, weil sich die Erfolge viel zu langsam einstellen. Aber das würde bedeuten, wieder neue Beziehungen aufzubauen, wieder etwas neu zu beginnen. Ich glaube, daß ich jetzt in einem Alter bin, wo man beruflich angekommen sein möchte. Ein Wechsel würde auch bedeuten, etwas Angefangenes aufzugeben, bevor es zum Erfolg geführt hat. Das wäre für mich das erste Mal in meinem Leben, paßt nicht zu mir. Es käme mir auch einem Verrat an meiner Kerstin gleich.

Sie war zielstrebig, hatte Prinzipien. Was sie einmal für sich als gut und richtig erkannt hatte, daran hat sie festgehalten, danach gelebt, andere mitgezogen. So war sie zum Beispiel ein strikter Gegner des Rauchens. Als sie in die achte Klasse ging, das Rauchen ein Thema wurde, hat sie allen immer wieder erklärt, wie schädlich das sei, und selbst auch nicht eine Zigarette angerührt. Sie hat das mit viel Überzeugung, mit Pfiffigkeit und dem ihr eigenen Charme, nicht aufdringlich und vordergründig gemacht. So hat tatsächlich in ihrer Klasse niemand geraucht. So hob sich ihre Klasse von den anderen ab, und alle fühlten sich stark. Nicht weil sie schon rauchten. Das konnte jeder. Standhaft bleiben, nicht rauchen, das war Stärke. Ich war sehr, sehr stolz auf mein Kind, als mir ihre Klassenlehrerin das erzählte. Ich fand mich hier in meiner Tochter wieder. Es tat so gut zu erleben, wie das eigene Vorleben, die gemeinsamen Gespräche zu diesem Thema auf mein Kind gewirkt hatten.

Nein, ich darf nicht aufgeben, muß mich weiter durchkämpfen.

Noch glaube ich ja auch, daß ich es schaffen werde. Hoffentlich reicht meine Kraft dafür. –

14. März 1985

Ich habe einige Wochen nichts in dieses Tagebuch geschrieben. Es geschah nichts von Bedeutung. Ich kämpfe mich durch mein Leben. Die Feiertage um den Jahreswechsel haben wir wie immer bei meiner Mutter verlebt. Das wird auch so bleiben, solange sie lebt und wir zusammensein können. Traditionen halten die Familie zusammen.

Die Tage und Wochen vergehen und hinterlassen keine wirklichen Spuren. Ich lebe nicht bewußt, erfülle meine Aufgaben und Pflichten nur mechanisch und versuche, mich vor allem Unvorhergesehenen abzuschirmen. Ich habe festgestellt, daß ich seit einiger Zeit zu Hause oft eine Haltung einnehme, die ich an mir vorher nie beobachtete hatte. Ich ziehe beim Sitzen die Beine an, lege die Arme um die angezogenen Beine, ziehe sie fest an mich, den Kopf auf den Knien, in mir selbst ruhend, um möglichst wenig Angriffsfläche für Einwirkungen von außen zu bieten, mich davor zu schützen. Diese Haltung drückt meine ganze Verlorenheit und Hilflosigkeit, mein großes Schutzbedürfnis aus gegenüber solchen Situationen, für die ich zur Zeit keine Lösung weiß, vor allem solchen, die mir erneut weh tun könnten. Ich habe mir mein eigenes „Schutzschild" geschaffen. Wie sehr brauche ich gerade in solchen Situationen einen lieben, mir sehr nahen Menschen, der nicht viel sagen müßte, mich einfach nur in die Arme nimmt, mich spüren läßt, daß ich nicht alleine bin, daß es jemanden gibt, bei dem ich Schutz finden kann, der mit mir fühlt.

Ich glaube, jeder Mensch hat ein solches Schutzbedürfnis, sich selbst zu schützen, andere ihm nahestehende Menschen zu schützen und beschützt zu werden. Ich konnte dieses Bedürfnis in den letzten Monaten nicht befriedigen. Ein großer Mangel ist eingetreten. Ich fühle mich in meinem Schmerz sehr allein und einsam. Neben diesem Mangel leide ich auch an dem großen Verlust an Beziehungen. Dieser wiegt schwer, ich empfinde ihn so stark, weil die

Beziehungen zu meinem Kind so vielseitig, so innig und intensiv gewesen sind. Sie waren 18 Jahre lang bestimmend in meinem Leben.

Und es ist deshalb schwer, wenn nicht ganz unmöglich, wieder ähnliche Beziehungen zu entwickeln. Mit wem auch? Ich kenne keinen Menschen, der mir so viel bedeutet, mir soviel geben kann. Ein Kind werde ich auch nicht mehr haben. Ich hatte keine Freude an diesem vergeblichen Versuch. Ich liebe meinen Mann nicht mehr, und es fällt mir schwer, „es" zu tun ohne Liebe. Ich kann mich nicht selbst belügen und auch ihn nicht. Das hat er nicht verdient. Für mich sollte ein Kind immer ein Kind der Liebe sein. So ist mir also dieser Weg aus der Verzweiflung verschlossen. Ich muß andere Wege finden und gehen.

21. April

Jeder Mensch braucht etwas, worauf er sich freuen kann, sonst lebt er nicht wirklich. Worauf kann ich mich freuen? Noch auf nichts. Freude, die von innen kommt, ist weit weg, für mich nicht erreichbar. Da wo ich bin, gibt es keine wirkliche Freude. Mir ist dieses Gefühl der Lebensfreude verlorengegangen. Lebensfreude ist mehr, als über bestimmte Situationen, über einen Witz oder sich selbst lächeln zu können. Wirkliche Lebensfreude kann man wohl nur empfinden, wenn man mit sich selbst im reinen ist, seine Seele aufgeräumt hat. Meine weint noch immer. Ihre Verletzungen waren fast tödlich. Nun braucht es eine lange Zeit, bis sie wieder schwingen kann. Nur auf dem Grundstück erhole ich mich.

Und manchmal dringen Töne, Farben und Gerüche auch schon wieder zu mir durch, als wollten sie mich daran erinnern, daß es da noch etwas Schönes, Lebenswertes gibt. Der Frühling schickt bereits seine Boten über das Land, und ich begrüße die ersten blühenden Blumen, den angenehmen Duft der Erde, die laue Frühlingsluft, den blauen Himmel und die ersten warmen Sonnenstrahlen.

Ich merke, wie wohl mir das alles tut, spüre das Blut wieder in meinen Adern fließen. Das Eis in mir beginnt langsam zu schmelzen, vertreibt die innere Kälte. Die Natur hat wieder zu mir gefunden. Sie bietet mir einen annehmbaren Ausgleich dafür, was ich in meinem Leben verloren habe, worauf ich an menschlichen Beziehungen verzichten muß. Sie tut meinem Körper, meinem Herzen und meiner Seele gut. Nur gut!! Meine natürliche Umwelt hat mich bisher nie enttäuscht, nie verletzt. Mich hat kein Hund gebissen, keine Pflanze vergiftet, kein Sturm oder Hochwasser hat mir je geschadet. Deshalb habe ich auch nur gute Erinnerungen an meine bisherigen

Begegnungen mit der Natur. Ich fühle, daß es langsam wieder aufwärts geht.

18. Mai

Heute war ein schöner Maientag. Ideales Wetter für diesen Monat. Seit gestern abend hatte es die ganze Nacht geregnet. Die Tiere waren lebendiger als an den warmen, sonnigen Tagen vorher. Auch die Pflanzen atmeten auf, nahmen sich an Feuchtigkeit, was sie zum Leben brauchten, sahen danach wieder frischer aus. Beim Spaziergang durch den Wald heute morgen war die Luft feucht, rein und erfrischend. Ich spürte die hohe Luftfeuchtigkeit beim Atmen und auf den Haaren und der Haut. Die Sonne schaffte es nicht, durch die noch vorhandene Wolkendekke zu dringen, aber dennoch fühlte ich mich wohl, eins mit der Natur. Die ganze Atmosphäre reinigte auch meinen Organismus, nahm mir ein wenig die Schwere von der Seele, ließ mich freier atmen. Ich bin froh, daß ich wieder so empfinden kann, wieder Leben in mir spüre. Die Natur, mein Kraftquell! Ich werde zukünftig unersättlich sein.

Ich habe den Weg aus der Hölle gefunden, tappe nicht mehr suchend umher. Ich gehe immer weiter, Schritt für Schritt, und jeder wird leichter. Es gibt kein Zurück mehr für mich. Ich habe ein Ziel und kenne den Weg, der mich dorthin führt. Wie lang und schmerzhaft er noch ist, weiß ich heute noch nicht, es ist mir auch egal. Ich will leben, nun erst recht, wirklich leben, für mich!! Wie lange es auch dauern wird, ich habe alle Zeit der Welt.

Ich habe ein Lebensziel, ich glaube, das erste Mal ein wirkliches Lebensziel! Ich habe mir bis jetzt nie Gedanken darüber gemacht, ob ich ein Lebensziel habe oder hatte. Ich glaube heute, ich hatte keins, habe einfach so gelebt, von einem kleinen Vorhaben, einem kleinen Ziel zum anderen. Es lief ja alles ohne große Probleme. Ich wurde gelebt, ich wurde dirigiert. Immer hat mir jemand gesagt, was ich zu tun hatte, und ich habe es getan, diszipliniert und fleißig. Und so sind viele meiner inneren geheimen Wünsche und Träume auf der Strecke geblieben. Ich habe keine Träume zugelassen. Warum von etwas träumen, das man doch nicht haben kann? Aber wer keine Wünsche und Träume hat, lebt doch nicht wirklich. Nur wer träumen kann, hat doch eine Chance, daß sich auch einmal einer dieser Träume erfüllt. Noch habe ich keine klaren Vorstellungen darüber, wie das weitere Leben, mein Leben für mich, ohne meine Kerstin, aussehen soll, noch muß ich den Weg dorthin erst gehen, um es zu finden, das wirkliche, reale Leben danach.

3. Juli

Es ist Sommer. Heute ein ganz besonders schöner Tag: Sonnenschein, strahlendblauer Himmel, klare Luft, nicht zu warm und nach dem kühlen, feuchten Juni alles noch saftig grün und frisch. Die Natur steht in voller Blüte. Es duftet nach Linden, nach frischem Getreide, nach Kiefern. Ich nehme all das wieder mit allen Sinnen wahr, empfinde, wie schön das alles ist. Gut zu wissen, daß das wieder in mir funktioniert. Nur so kann ich den Weg gehen, den Weg zum Licht.

Für eine gewisse Zeit gelingt es mir, nicht an das zu denken, was mir das Herz schwermacht. Die Sehnsucht nach meinem Kind überdeckt meistens noch alles andere, weil sie einfach nicht zu stillen ist. Besonders während der Wochentage, in den Abendstunden finde ich keine Ruhe. Ich habe so vieles versucht, diesen Verlust für mich erträglich zu machen, habe mir vorgestellt, daß sie neben mir sitzt oder gerade nach Hause kommt, ich sie in die Arme nehme, ihr über die Wange streiche. Hat mir das vor Monaten noch geholfen, macht es mich jetzt nur noch trauriger, denn ich, mein Verstand hat begriffen, daß all das nicht der Wahrheit entspricht. Auch daß ich versuche, mir einzureden: Sie ist nur verreist, sie kommt bald wieder, hilft mir nicht mehr. Mein Geist läßt sich nicht mehr belügen. Etwas ruhiger

werde ich nur, wenn ich meine Gedanken ganz bewußt in eine andere, reale Richtung lenke, mich auf
meine Arbeit konzentriere oder darüber nachdenke,
wie die Arbeiten auf dem Grundstück weiterzu-
führen sind, wie alles aussehen wird, wenn es fertig
ist. Und da kommen mir dann immer wieder neue
Ideen, finde ich die nötige Ablenkung, und das besonders am Abend vor dem Einschlafen. So bin ich
wieder ein Stück im realen Leben angekommen, ich
akzeptiere es wieder. Ich verdränge viel, weil ich mir
selbst nicht mehr weh tun will. Mein Herz und meine Seele haben genug gelitten. Ich sehne mich nach
innerem Frieden, möchte endlich wieder schmerzfrei
sein.

So habe ich erreicht, daß ich selten weine. Aber
wenn es dann gar nicht mehr geht, sich nichts mehr
verdrängen läßt, sich wieder alles aufgestaut hat
und nach außen drängt, die Wunden wieder auf-
reißen, alles aus mir herausbricht, dann fühle ich
mich auch am nächsten Morgen noch krank. Diese
Weinkrämpfe erlösen, kosten mich aber auch sehr
viel Kraft. Es ist wie das Abhusten meiner immer
noch kranken Seele. Sie versucht immer wieder, sich
mit schwachen Flügelschlägen zu erheben, fällt aber
stets auf den Boden zurück, weil mich der schwere
Mantel der Trauer noch immer umgibt und immer
wieder niederdrückt, weil mein Herz immer noch

blutet und leidet. Die schweren Wunden wollen nicht heilen.

15. August

Auch der Urlaub in diesem Jahr ist vorbei. Er war wieder ausgefüllt mit Arbeiten auf dem Grundstück, am Bungalow und mit Gartenarbeiten. Auch die Besuche meiner Mutter, meines Bruders haben mich voll in Anspruch genommen, so daß kaum Zeit zum Nachdenken blieb.

Die Gedanken an meine Kerstin habe ich immer schnell wieder beiseite geschoben, um nicht ungewollten Stimmungen zu erliegen. Ich wollte niemanden mit meinem Kummer belasten. Und so habe ich nur manchmal nachts um mein Kind geweint, wenn alles ruhig war und die Dunkelheit der Nacht meine Tränen verbarg.

Die Arbeit nimmt mich nun wieder voll in Anspruch. Ich nehme auch wieder Anteil am Geschehen, interessiere mich wieder für alles, was um mich geschieht, was die Kollegen bewegt. Auch mit der Arbeit geht es nun endlich voran.

Wenn ich dann am Abend nach Hause komme, spüre ich die Leere besonders und begreife immer mehr, daß es meine Kerstin nicht mehr gibt. Aber es ist so vieles von ihr zurückgeblieben, nicht nur die materiellen Dinge (ich habe in ihrem Zimmer noch nichts verändert), sondern auch ihr Wesen, ihre Art zu lächeln und zu sprechen, eben der liebenswerte Mensch, der sie war, ist noch allgegenwärtig. Sie ist mir auch heute noch ganz nah. Wenn ein Mensch für immer geht, bleibt noch soviel Unerledigtes, zuviel Ungesagtes. Ich wünschte mir so sehr, noch etwas Zeit zu haben, um alles in Ordnung zu bringen. Aber diese Zeit habe ich nicht. Sie ist unwiederbringlich verloren. Als Kerstin noch lebte, dachte ich immer, ich hätte noch soviel Zeit, die kleinen Unzulänglichkeiten, oft Unachtsamkeiten, Mißverständnisse des Alltags wieder in Ordnung bringen zu können, wiedergutzumachen, gutzureden, um Verzeihung zu bitten für sicherlich manche Ungerechtigkeit, die auch mir widerfahren ist in der Eile und Hektik des Alltags. Oft habe auch ich im Alltagsstreß zu schnell und rationell entschieden und gehandelt, statt mit dem Herzen und mit Liebe.

Ich erinnere mich immer wieder an Situationen in ihrem Leben, wo ich etwas besser hätte tun können und müssen. Ich leide heute furchtbar darunter. In den ersten Lebensjahren waren Kerstins Ohren empfindlich. Es genügte schon ein stärkerer Wind, und sie hatte Ohrenschmerzen. Meistens trug sie deshalb ein Mützchen. Ich achtete sehr darauf, daß die Ohren immer sauber waren. Noch heute sehe ich ihr Gesichtchen vor mir, wenn ich sie mit einem Wattestäbchen reinigte. Sie mochte diese Prozedur überhaupt nicht. Der ganze kleine Körper ging in Abwehr. Sicherlich hat es ihr oft weh getan, weil ich in der Eile nicht vorsichtig genug vorgegangen bin. Es tut mir heute so leid. Als ich mir vorstellte, wie ich sie in den Arm nehme, fest an mich drücke und genau das zugebe, sah ich ihr verzeihendes Lächeln, ihre Gestik, die aussagen sollte: Das ist doch schon lange vorbei, Mutti. Ich weiß doch, daß du mir nicht absichtlich weh tun wolltest. Das tat meinem Herzen so gut, linderte meine Qual so stark, als sei das wirklich geschehen. Das hat sie mir verziehen. Das kann ich nun abhaken.

Als Kerstin in die erste Klasse ging, also sieben Jahre alt war, wir hatten nach meiner Scheidung unsere erste kleine Wohnung nur für uns bezogen, war sie schon sehr selbständig. Da ich ganztägig arbeitete, ging sie in den Hort, machte dort ihre Schulaufgaben und ging dann allein nach Hause. Die Schule war ganz in der Nähe. Ich konnte mich immer auf sie verlassen. Sie wußte, wann ich nach Hause kam, wartete brav auf mich. Einmal im Herbst, es wurde schon zeitig dunkel, war ich dienstlich im Bezirk mit Dienstauto unterwegs. Aufgrund des einsetzenden Frostes und der Glätte auf den Straßen kamen wir nur langsam voran. Ich konnte nicht pünktlich zu

Hause sein. Es war schon dunkel, als ich voller Unruhe endlich nach Hause kam. Meine Gute saß unter dem Tisch. Niemals vergesse ich dieses ängstliche, verweinte Gesichtchen. Noch heute spüre ich ihre Tränen an meiner Wange und die Erleichterung, mit der sie ihren kleinen Körper an meinen drückte. Sie dachte, daß ich nicht wiederkommen würde, weil sie das von mir überhaupt nicht gewöhnt war.

Wie konnte ich das meinem Kind nur antun! Die neue Wohnung, durch die Scheidung aus ihrem bis dahin gewohntem Umfeld gerissen, und ich ließ sie allein in der Dunkelheit. Unsere Nachbarin, eine liebe alte Dame, wußte nicht Bescheid, weil ich nicht ahnen konnte, daß es so spät werden würde. Sie hätte sich gern um mein Kind gekümmert. Als ich Kerstin dann alles erklärte, hat sie es verstanden. Aber die Angst saß noch lange tief. An diesem Abend schlief sie in meinen Armen ein, nachdem ich ihr noch einmal versichert hatte, daß ich sie niemals allein lassen werde, weil wir doch für immer zusammengehören.

Und doch konnte ich nicht halten, was mir auf der Welt das Liebste war, mußte ich sie alleine gehen lassen. Bei solchen Erinnerungen leide ich wie ein Hund.

Als sie selbst schon laufen konnte, nahm ich sie gewöhnlich mit dem Fahrrad mit. Sie saß im Körbchen, das am Lenkrad befestigt war. Die Füße hatten Halt in Fußstützen. Als wir in eine Rechtskurve fuhren, kam sie einmal mit dem linken Fuß zwischen Rad und Rahmen. Der Knöchel wurde bis auf den Knochen aufgeschabt. Sie hatte große Schmerzen, hat herzerweichend geweint. Es tat mir so leid und selbst furchtbar weh, mehr, als wenn es mir selbst passiert wäre, nicht irgendwo am Körper, sondern in meiner Seele. Sie wurde damals auch verletzt. Ich spüre den Schmerz noch heute. Wenn meine Seele jetzt heilen soll, dann muß weg, was auf ihr lastet, auch wenn es schon so viele Jahre zurückliegt.

Bitte verzeih mir alles, mein lieber, guter Spatz, damit ich, damit meine Seele Ruhe findet.

In Gedanken halten wir uns in den Armen, fühlen einander, lächeln uns an. Ich sehe in ihre lieben Augen, streiche ihr Gesicht. Sie hält meine Hände liebevoll fest. Wir haben uns alles verziehen. Ich empfinde es wie eine Gnade, solche Vorstellungen leben zu können.

4. September 1985

Mein Geburtstag! Alle Menschen um mich herum waren heute besonders liebenswürdig, freuten sich, glaube ich, mehr über diesen Tag als ich selbst. Mir fehlen auch in diesem Jahr die Glückwünsche meines Kindes. Und so bleibt die Freude aus. Ich bin auch heute abend wieder allein. Im Fernsehen der Film über ein Stift für junge Mädchen mit Lilli Palmer und die Glückwünsche meiner Mutter am Telefon, daß mir alle Wünsche ein Erfüllung gehen mögen, gaben mir wieder den Rest, so daß die mühsam unterdrückten Tränen wieder reichlich flossen.

Die Aufzeichnungen in diesem Tagebuch helfen mir nun, wieder etwas Ruhe zu finden. Mein Tagebuch! Es ist zu meinem treuesten Partner geworden, zu einem wirklichen Freund, dem ich alles anvertrauen kann, der uneingeschränkt zuhört. Dieser Freund hat nur einen Fehler, er gibt mir keine Antworten auf meine Fragen. Aber er weiß, wie es mir geht, wie ich mich fühle. Er hat mit mir „gelitten" und soll sich mit mir freuen, wenn es langsam wieder aufwärts geht. –

Ich empfinde es heute als einen großen Mangel, daß ich meine wirklichen Freundinnen immer irgendwo zurücklassen mußte und damit verloren habe, wenn mich mein Leben wieder an einen anderen Ort geführt hat. Ich bin meinem ersten Mann nach Magdeburg gefolgt, für meinen zweiten Mann bin ich mit Kerstin in Berlin geblieben. Das enge Familienleben und der berufliche Alltag ließen mir keine Zeit mehr, neue Freundschaften zu entwickkeln, weil so etwas wachsen muß. Die Freunde, mit denen wir zusammen waren und noch sind, waren und sind immer die Freunde meiner Partner, nie wirklich meine. Als ich meinen ersten Mann verließ, verloren sich auch diese Beziehungen. Die jetzigen „Freunde" sind auch nur die Freunde meines Mannes, sonst wäre ich nicht so allein. Jetzt fehlt mir eine wirkliche Freundin.

Es wäre schön, gerade heute jemanden an der Seite zu haben, zusammen in ein schönes Restaurant Essen zu gehen, miteinander zu reden. Aber auf solche Gedanken kommt mein Mann nicht. Ich spüre heute ganz besonders deutlich, daß er nur an sich selbst denkt, so lebt, wie er es möchte. Nein, ich habe keine Wünsche mehr an meinen Mann. Aber kann ich so auf Dauer leben? Das würde bedeuten, auf alles zu verzichten, was Liebe, Glück, Zweisamkeit bedeutet, was das Leben so lebenswert macht.

Mein Verstand sagt mir: Geh weg von ihm, laß dich scheiden! Beginne neu! Aber ich habe Angst vor einer erneuten Scheidung, glaube, daß ich nicht die Kraft dazu habe. Bedrückend ist auch der Gedanke: Was wird aus dem Bungalow, dem Grundstück? Wir haben beide sehr viel investiert, vor allem ein Stück von uns selbst verwirklicht. Wenn es doch nur einen Ausweg aus allem geben würde! Ich wäre schon für ein ganz kleines bißchen Glück sehr dankbar!

4. Januar 1986

Mehr als zwei Jahre sind nun schon vergangen. Vielleicht denken viele, nun müßte sie darüber hinweg sein. Die Zeit soll ja bekanntlich Wunden heilen. Aber ich bin über nichts hinweg. Manche Wunden heilen wohl nie. Gram und Kummer gehören dem betreffenden Menschen ganz allein. So auch mir. – Es gibt Momente, da resigniere ich, weil ich merke, daß ich nur schwer mit meinem Kummer fertig werde, daß es keine Hilfe von außen gibt.

Ich muß sehr oft an Romy Schneider denken, an ihren Tod zwei Jahre nach dem Tod ihres Sohnes. Es gibt sicher einen Zusammenhang zwischen dem Unglück und Tod ihres Kindes und ihrem viel zu frühen Tod. Ich bin mir sicher, daß es ihn gibt. Sie soll ja zuletzt über eine große Müdigkeit geklagt haben. Auch ich empfinde sie sehr stark. – Würde ich mich gehen lassen, würde ich auf der Stelle umfallen. Manchmal möchte ich morgens gar nicht mehr aufstehen, nichts mehr tun müssen, nur weiter schlafen, schlafen. Sicher hängt das damit zusammen, daß ich mehr als zwei Jahre ständig gegen etwas ankämpfen mußte, und es noch muß: Gegen die oft quälenden Erinnerungen, gegen die nicht zu stillende Sehnsucht, die immer wieder aufsteigenden Tränen, gegen den Wunsch, sich einfach fallenzulassen, sich aufzugeben. Und irgendwann ist die Kraft endgültig aufgebraucht, besonders dann, wenn das Leben auch sonst sehr stressig, trostlos und eintönig verläuft.

Oft ertappe ich mich bei heimlichen Zwiegesprächen mit meiner Kerstin, die ich mir als Ersatzhandlungen geschaffen habe, damit diese schmerzliche Sehnsucht wenigstens etwas gestillt werden kann. Immer wieder kommen auch die Gedanken, was sie jetzt tun würde, wenn sie noch am Leben wäre. In meiner Vorstellung geht sie auf der Straße neben mir, kauft mit mir ein, überlege ich, wie ich ihr eine Freude machen könnte. Sie ist noch immer der Hauptinhalt meines Lebens.

Aber ich habe nicht nur gegen meine ständige Sehnsucht angekämpft, sondern auch gekämpft für den erneuten Anschluß an das Leben, an mein Leben, für Erfolg in der Arbeit. Doch bei allem ist bisher nicht viel herausgekommen. Es ist so, als ob mich mit Kerstin nicht nur mein Optimismus und mein Lebensmut, sondern auch jeder Erfolg, jedes Glück verlassen hat. Ich wünsche mir, daß, oder bin froh, wenn die Zeit schnell vergeht. Ich fühle mich so alt und so müde. Mir ist manchmal, als hätte sich der Sinn meines Lebens bereits erfüllt. Ich möchte immer nur das machen, was ich tun will, weil alles andere zuviel Kraft kostet, die ich zwar aufbringen möchte, aber nur schwer aufbringen kann. Und wenn es mir dann unter Anstrengung gelingt, fordert es mich ganz. Zu Hause falle ich dann in den Sessel und komme nur unter Aufbringung großer Kraft wieder hoch, um ins Bett zu gehen. Wie traurig ist doch dieses Leben!

Das Aufschreiben dessen, was mich bewegt, hat mich wieder etwas ruhiger werden lassen, wie das Abhusten eines Kranken. Aber die Unruhe, der Kummer werden wiederkommen, weil ich weiß, daß ich nicht wirklich vergessen kann. – Dazu genügt schon der kleinste Anlaß. Es gelingt mir nur selten, die trüben Gedanken einfach zu vertreiben. Ich habe noch nicht gelernt, mit dem Unabänderlichen zu leben.

Jetzt im Winter ruht die Natur. Wir sind nur selten auf dem Grundstück. So fehlt mir auch dieser Kraftquell. Die kurzen, oft trüben Tage und die langen dunklen Abende drücken zusätzlich auf meine Stimmung. Vorher habe ich diese langen Abende geliebt, weil ich so vieles erledigen konnte, wozu im Sommer wenig Zeit blieb: stricken, andere Handarbeiten, Musik hören, ein schönes Buch lesen. Nun habe ich für all das keine Kraft, fehlt mir das Interesse. Ich sehne den Frühling herbei, die Sonne, die Wärme, das Licht und erhoffe mir davon wieder neue Kraft.

10. Februar

Heute ist Rosenmontag, Karneval. Das Fernsehen ist ganz darauf eingestellt. Ich sehe mir eine Sendung an, als unbeteiligter Zuschauer. Es lenkt mich ab. Ich gönne allen die Freude, die Unbekümmertheit. Warum sollen Menschen, die allen Grund haben, sich ihres Lebens zu freuen, diese Lebensfreude nicht auf diese Weise zum Ausdruck bringen: Jubel, Trubel, Heiterkeit und Humor? Die Kostümierung gibt den Menschen die Möglichkeit, in eine Rolle zu schlüpfen, die sie gern darstellen möchten, aber im alltäglichen Leben nicht können. Sich einmal von einer ganz anderen Seite zeigen! Schon das kleine Menschenkind hat Freude am Verkleiden.

Auch für meine Kerstin war Fasching immer etwas Besonderes. Sie hat jedes Jahr mit Vergnügen mitgefeiert. Mir sind nur die Fotos geblieben, die sie in den unterschiedlichsten Kostümen zeigen, auch das letzte vom Fasching in Johanngeorgenstadt 1983! Sie ging als Griechin, hatte ein selbstgefertigtes langes, weißes, ärmelloses Gewand an, um die Hüften geschlungen und an der rechten Schulter mit einer Spange zusammengehalten. Sie trug dazu Sandalen und hatte die Haare hochgesteckt. Sie kam mir vor wie die Göttin Athene. Meine Kerstin interessierte sich sehr für die griechische Geschichte, die Kultur, die griechische Mythologie und Religion.

Ich weiß, daß sie dieses Land und besonders auch Ägypten sehr gern einmal besucht hätte, um sich die Ausgrabungsstätten anzusehen, ihren Zauber in sich aufzunehmen, „ein Stück dieser Geschichte zu atmen", wie sie mir sagte. Was auch um mich herum geschieht, immer ist alles mit Erinnerungen an mein Kind verbunden.

Diese ausgelassene, fröhliche Musik im Fernsehen berührt mich nicht, obwohl Musik doch eigentlich viel bewirken kann. Sie macht mich nicht fröhlich, und über die Witze kann ich nicht lachen. Ich habe vergessen, wie lachen ist. Ich bin auch heute noch nicht in der Lage, gefühlvolle, einschmeichelnde Melodien wie Romanzen, Violinkonzerte, Geigenmusik überhaupt anzuhören. Diese Musik holt alles aus mir heraus, und ich bin noch nicht in der Lage, die dabei aufkommenden Gefühle und Empfindungen zu steuern. Vorher habe ich beim Anhören klassischer Musik immer meine innere Ruhe gefunden, meine Seele gebadet, meine wenigen kleinen Träume geträumt. Ich sehne die Zeit herbei, wieder so empfinden zu können. Es gibt für mich noch soviel Unbekanntes aus der Welt der klassischen Musik, welches ich mir noch erschließen wollte und auch jetzt noch will. Ich will nachholen, was ich mit meinen beiden Männern nicht erleben konnte, weil sie sich nicht für klassische Musik interessiert haben.

Ich habe bisher auf so vieles, was mir etwas bedeutet in meinem Leben, verzichten müssen. Meine Kerstin braucht mich nicht mehr, nun will ich für mich leben, anders leben als bisher. Ich habe aufgehört zu sterben, weil ich aufgebrochen bin zu etwas Neuem.

Nur weiß ich heute noch nicht genau, wie und wohin es gehen soll. Dieses andere Leben ist noch ein ferner Traum.

14. Februar

Nach langer Zeit habe ich heute nacht wieder einmal von Kerstin geträumt. In unserer Wohnung, die jedoch nie so ausgesehen hat wie im Traum, befand ich mich in einem der Räume (Bad oder Küche?) und hörte die Stimme meiner Tochter, die mich bat, eine Schüssel mit Wasser und Seife zu bringen, weil sie sich nun endlich wieder einmal gründlich waschen möchte. Voller Freude dachte ich: Das ist ein gutes Zeichen dafür, daß sie sich nun wieder besser fühlt. Sie ist wieder bei vollem Bewußtsein. Ich fragte sie, sie war im Nachthemd herübergekommen, was sie davon halten würde, lieber gleich richtig zu duschen, weil sie sich doch so lange nur im Bett waschen konnte. Ich bot ihr an, sie abzuseifen und abzutrocknen, weil ich das so gern tun würde. Sie sah mich an, und ehe sie antworten konnte, wurde ich wach, hellwach. Immer wieder ließ ich den Traum an meinem geistigen Auge vorüberziehen, weil ich ihn mir ganz fest einprägen wollte. Ich sah ihr liebes Gesicht, spürte ihre Nähe wie eine wirkliche Begegnung mit meinem Kind nach langer, langer Zeit. Das war Balsam für mein Herz und meine Seele. Ich schlief dann wieder ein und träumte weiter von ihr, aber ich kann mich leider an keine Einzelheiten mehr erinnern.

17. Februar

Ich bin heute beim Umsteigen am Ostkreuz von einer S-Bahn in die andere nach der Anschlußbahn gelaufen, obwohl ich mir vorgenommen hatte, es nie wieder zu tun. Ich bin gelaufen, weil beim Einfahren meiner Bahn die andere auf dem anderen Gleis auch gerade einfuhr. Nach dem Arbeitstag und der anschließenden Versammlung hatte ich nur den einen Wunsch, schnell nach Hause zu kommen. Ich habe die Bahn noch bekommen, und mir wurde wieder einmal schmerzlich bewußt, wie menschlich ein solches Verhalten doch ist, weil die Schnellebigkeit unserer Zeit, der Drang und Wunsch, alle Verpflichtungen zu erfüllen, aber auch möglichst viel Freizeit zu haben, von uns „unter einen Hut" gebracht werden will. So schrieben uns auch die Eltern von

Kerstins Freundin nach dem Unfall: „Marlis weinte den ganzen Abend und konnte sich nicht beruhigen. Noch dazu, weil sie auf der Hinfahrt am Montag in Leipzig im letzten Moment ihren Anschlußzug nur im Dauerlauf noch erreicht hatte. Und das zum wiederholten Male."

Ich spürte den unbändigen Wunsch, mein Kind an mich zu drücken, ihr über den Kopf zu streichen und ihr zu sagen, daß ich ihr wegen ihres Handelns damals nicht böse bin, ihr keine Vorwürfe mache, mich voll in ihre Situation versetzen kann und des-halb ihr Handeln verstehen kann, ohne es zu billi-gen, weil es nicht gut war und immer auch so fol-genschwer enden kann, wie es leider bei ihr der Fall war.

Ansonsten gibt es nichts zu schreiben, nichts Neu-es meinem Tagebuch mitzuteilen. Ich lebe die Zeit, monoton und eintönig, kämpfe mich Tag für Tag ein Stückchen voran auf dem steinigen Weg aus der dunklen Hölle und hoffe, bald das Licht am Ende des Tunnels zu sehen.

30. Mai

Heute ist der Geburtstag meines Vaters. Mir kommt die fatale Erinnerung an ein Lied, das wir als Kinder oft gesungen haben: „Am 30. Mai ist der Weltuntergang, wir leben nicht mehr lang, wir leben nicht mehr lang." Es gibt wohl kaum einen Deutschen, der dieses Lied nicht kennt. Man muß frei sein von wirklichem Verlustschmerz, von Lebensängsten, um dabei Freude empfinden zu können. Ein Privileg der sorgenfreien Kindheit und Jugend. Schon der Gedanke daran, dieses Lied heute zu singen, ist für mich absolut abwegig. Aber eines habe ich begriffen: Mein Leben ist viel zu kurz, um es wegzuwerfen. Der Tod kommt von ganz alleine. Und heute wünsche ich mir wieder, daß ich noch eine lange Zeit auf dieser Welt leben darf. Es ist mir nicht mehr egal, ob mir etwas passiert oder nicht. Ich will wieder wirklich leben, lieben, Glück empfinden und brauche Zeit, diesen Weg zu gehen, mein Ziel zu erreichen. Ich hoffe, daß ich diese Zeit noch habe.

Es ist endlich auch wieder Frühling! Nach den kalten Wintermonaten erlebe ich bewußt den Aufbruch des neuen Lebens, das Wachsen in der Natur, gibt es auf dem Grundstück wieder viel zu tun. Das Atmen fällt mir leichter. Die Augen sind wieder nach oben gerichtet und auf das, was getan werden muß. Das vertreibt die trüben Gedanken, der Mantel der Trauer ist nicht mehr so schwer. Die Wärme der Sonne trocknet ihn, der laue Frühlingswind hebt ihn an und macht ihn leichter für mich. Die Natur, meine Verbündete!

Es ist bewundernswert, wie die Pflanzen trotz ungünstiger Wachstumsbedingungen (Sandboden, viele Kiefern) zum Licht drängen, ihre ganze Kraft einsetzen, um zu überleben. Doch oft auch vergeblich, denn irgendwann ist die Kraft verbraucht, nur die kräftigen, starken überleben unter diesen Bedingungen. Auch ich muß stark sein, um das alles zu überstehen.

Meine Mutter hat zu mir gesagt: „Du bist stark. Du schaffst es. Irgendwann wirst du wieder Freude am Leben finden." Bei diesen Worten stieg Hoffnung in mir auf. Wenn sie es sagte, mußte es stimmen. Meine Mutter hatte doch immer recht. Warum sollte sie sich jetzt irren?

Irgendwo habe ich einmal gelesen: „Was uns nicht umwirft, macht uns stark". Ich werde weiterkämpfen.

3. November

Drei Jahre sind seit Kerstins Tod vergangen. Die langen dunklen Abende, die Erinnerungen an das schreckliche Geschehen vor drei Jahren bereiten mir noch immer ein starkes körperliches Unbehagen, so als müßte wieder etwas sehr Unangenehmes geschehen. Die Ereignisse haben sich in meinen ganzen Körper eingebrannt, tiefe Spuren in meiner Seele hinterlassen. Wenn ich glaube, ich habe ein wenig Ruhe gefunden, kommen diese Erinnerungen, die alles wieder aufwühlen, die zu heilen begonnene Wunde wieder aufplatzen lassen, meine flatternde Seele wieder zu Boden drücken.

Den Monat November habe ich noch nie gemocht, weil er als einziger Monat wirklich trostlos ist, meistens trübe, feucht, ohne besondere Farben und Ereignisse. Nun ist er auch noch der Monat von Kerstins Tod. Der Abstand zu dem schlimmen Geschehen ist größer geworden, aber die Sehnsucht ist geblieben. Sie fehlt mir sehr, ihre wirkliche Nähe und damit das Glück, das sie für mich bedeutete. All das ist nur für mich wirklich fühlbar. Es ist ganz allein mein Unglück, das ich zu tragen habe, mit dem ich leben muß. Ich versuche es, aber es gelingt mir nicht wirklich. Das ist noch nicht das Leben, nach dem ich mich sehne.

Es ist noch kein neues Glück, kein innerer Frieden, keine Freude für mich in Sicht. Der Weg aus der Hölle zum Licht ist so lang! Es geht zur Zeit nicht weiter. Ich bin irgendwo stehengeblieben. Mir fehlt die Kraft zum Weiterlaufen. Im Frühling und Sommer fällt mir das Leben leichter, leuchtet mir das Licht aus der Dunkelheit. In der dunklen Jahreszeit drückt die Last mich wieder nieder, gewinnt der Kummer immer wieder die Oberhand.

Am liebsten versinke ich in Erinnerungen an mein Kind. Neben den Gedanken, was ich hätte besser machen müssen, kommen auch viele schöne Erinnerungen, die von großer Dankbarkeit an sie getragen sind. Als wir zusammen nach Berlin kamen (ein Studium in Berlin ohne mein Kind wäre für mich nicht in Frage gekommen), hat sie mir geholfen, die schweren Bücherkartons von der Post abzuholen, die uns zur Verfügung gestellte 1-Zimmer-Wohnung zu tapezieren, die Tapeten auszusuchen und geduldig Stunde um Stunde die bestrichenen Tapeten zuzureichen. Sie war erst acht Jahre alt! Dabei hat sie nie geklagt. Sie wußte immer, wann ich sie wirklich brauchte, und war einfach zur Stelle. Wie sehr sie mir heute fehlt!

Wie gern hätte ich ihr noch öfter beweisen wollen, daß sie auch immer auf mich zählen kann, wann immer sie mich brauchte. Ich bin heute so froh darüber, daß ich mir die nötige Zeit für sie genommen habe, ihr das Füreinanderdasein vorgelebt habe. Aber die 18 Jahre ihres Lebens waren für diese Form der Dankbarkeit zuwenig. Ich wünschte, ich hätte öfter danke zu ihr gesagt, um das Leuchten ihrer Augen, ihr Lächeln öfter bis in meine Seele zu spüren.

Dieses Gefühl kommt nun nie mehr von ihr. Aber ich sehne mich so sehr danach.

1. Januar 1987

Wieder hat ein neues Jahr begonnen. Ich weiß nicht, was es mir bringen wird. Wo andere Menschen feiern, lustig sind, begrüße ich jedes neue Jahr mit Tränen. Sicher auch deshalb, weil ich weiß, daß sich mein innigster Wunsch auch im neuen Jahr nicht erfüllen wird.

Meine Tochter kommt nicht zurück. Solche Wunder gibt es nicht!

Das letzte Jahr ist vergangen, ohne Höhepunkte, nichtssagend, unbedeutend. Ich friere, wenn ich daran denke, daß das neue Jahr wieder so vergehen könnte. Ich stehe wie in einer Sack gasse vor einer hohen Mauer, die ich einfach nicht bezwingen kann. Wie komme ich hinüber, und gibt es für mich etwas dahinter, das mein Leben wieder schön machen kann? Ohne mein Kind? Nach mehr als drei Jahren fällt es mir schwer, daran zu glauben.

Wo ist das Glück, mit meinem Kind mitempfinden zu können, wenn wieder eine Hürde erfolgreich genommen wurde, wo das Glück, wenn andere anerkennend sagen: „Ach, das ist Ihre Tochter", wo das Glück, wenn man sich in seinem Kind wiederfindet oder merkt, daß ein junger Mensch herangewachsen ist, der sich gut im Leben bewährt, an sich selbst hohe Forderungen stellt, noch Antwort auf viele Fragen sucht, sich vom Leben viel erhofft, aber auch bereit ist, selbst etwas dafür zu tun und dankbar Hilfe annimmt, nicht immer sofort sichtbar, aber dann doch irgendwann erkennbar, plötzlich, manchmal unverhofft, in bestimmten Bewährungssituationen, ein junger Mensch, der fleißig ist, ehrlich und bescheiden und deshalb viele Freunde hat? Dieses Glück ist unwiederbringliche Vergangenheit! Nichts wiederholt sich mehr davon.

Nichts kann mir diese Glücksmomente ersetzen. Und so rufe ich mir dankbar immer wieder die Zeilen ins Gedächtnis, die mir eine gute Bekannte von Kerstin im Februar 1984 geschrieben hat: „Meine Mutter, durch die ich ja Kerstin kennengelernt habe, hatte ihren Namen durch den Umschlag leuchten sehen und ihn (unseren Brief an Jutta) geöffnet. Da wußte sie, von wem der Geologieminister sprach, als er sehr bedauerte, daß gerade die Beste des Lehrjahres nun nicht unter den Bewerbungen um ein Studium (an der Universität Greifwald) sein kann. Der Minister war extra wegen der Zulassungen nach Greifswald gekommen. Und da meine Mutter in der Zulassungskommission ist, hat sie ihn persönlich gesprochen. Wenn sogar das Ministerium trauert und sie nicht nur formal aus den Akten streicht, ich glaube, dann können Sie noch nachträglich sehr stolz auf Ihre Tochter sein." Ja, dieses Glück spüre ich noch heute. Aber es gibt keine neuen Glücksmomente mit

Kerstin, kein neues Elternglück mehr mit unserem Kind.

Heute müssen es andere Glücksmomente sein. Aber welche, und wo finde ich sie? Wenn andere von ihren Kindern erzählen, habe ich stets zwiespältige Gefühle. Einerseits fühle und freue ich mich mit ihnen, gönne ich ihnen den Erfolg und das Glück. Aber andererseits schmerzt es mich auch sehr, merke ich ein feines Stechen in der Brust, weil der Verlust besonders spürbar wird. Geblieben ist bisher auch die ständige große Müdigkeit und jeden Abend Kopfschmerzen. Ich schaffe alles nur mit großem Kraftaufwand.

Mein Elan, mein Schwung sind noch nicht wieder zurückgekehrt. Ich habe von meinen Eltern gelernt, alles im Leben anzupacken, egal, was es für mich bereithält. Und so kann ich auch jetzt nur weiterkämpfen.

Leider sehe ich meine Mutter nur selten. Sie ist mir jetzt das Liebste auf der Welt. Hoffentlich haben wir sie noch lange.

8. Mai

Ich hatte heute nacht folgenden Traum: Ich stand an einer Felsenwand, auf einem Vorsprung, unter mir der Abgrund, ein Nichts. Ich spürte keine

Angst, nur den Wunsch, mich fallenzulassen, und tat es. Ich schwebte durch die Luft, mit geöffneten Augen, den blauen Himmel und die weißen Wolken im Blick, und empfand dabei ein wunderbar schönes Gefühl der Leichtigkeit, Schwerelosigkeit, frei von jeder Last. Es tat so unbeschreiblich gut. Ich wollte, daß es nie vergeht. Als ich dann doch den Boden näherkommen sah, wachte ich auf, und das schöne Gefühl war vorbei. Im Traum konnte ich erleben, was ich mir so sehr wünsche: frei sein von Kummer, daß meine Seele wieder schwingen, schweben kann. Nach dem Erwachen nahm die Trauer wieder Besitz von mir. Aber ich weiß auch, wohin mich mein Weg führt. Irgendwann werde ich auch in der Realität wieder so ähnlich empfinden können. Ich glaube ganz fest daran.

2. September

Im September vor vier Jahren hatte meine Kerstin noch zwei Monate zum Leben. Fast vier Jahre lebe ich nun schon ohne sie. Ich habe gelernt, auf bestimmte Inhalte meines Lebens zu verzichten. Und ich stelle alles neu in Zeit und Raum. Kerstins Tod ist zum Ausgangspunkt eines neuen Lebensabschnittes bei mir geworden. Er ist leerer, aber nicht ganz trostlos, trauriger, aber nicht ganz freudlos. Ich freue mich wieder über alles Schöne in der Natur, über die Freundlichkeit der Menschen, über das Lachen der Kinder (ich bin gern im Kindergarten während meiner Untersuchungen), über unser erstes Auto, das uns vieles erleichtert, und auf unseren Urlaub an der Ostsee. Ich möchte mich ausruhen, wieder einmal ein Buch zur Unterhaltung lesen, lange schlafen, schwimmen, laufen, in Ruhe nachdenken oder einfach nichts tun. Das alles bedeutet ein bißchen Glück für mich. Die ständige Müdigkeit und die Kopfschmerzen sind geblieben, ebenso der Wunsch, mich einfach fallenzulassen, wie in meinem letzten Traum. Ich möchte endlich aus der ständigen Spannung herauskommen, die ich am ganzen Körper spüre. Vielleicht schaffe ich es an der Ostsee.

Ich habe einen ganz neuen, offeneren, weiteren Blick bekommen für alles Schöne, das mich umgibt, ja, ich suche förmlich danach, sauge es in mir auf, wenn ich es gefunden habe. Ich ertappe mich dabei, wie ich zärtlich eine schöne Blüte in die Hand nehme und mich an ihrer Schönheit, ihrem Duft berausche. Suchen sich auf diese Weise die aufgestaute Liebe und Zärtlichkeit einen Weg „nach außen"? Wieso streichle ich zärtlich Kerstins Bild, drücke es an meine Brust, obwohl ich genau weiß, daß es nur ein Gegenstand ist, ohne Leben, ohne Empfindungen? Jeder Gedanke an meine Kerstin ruft auch heute noch Schmerz über den Verlust und schmerzliche Sehnsucht nach ihrer Nähe hervor. Meine Liebe zu ihr ist unsterblich. Wenn ich an sie denke, von ihr träume, dann ist sie bei mir, mir ganz nah, in meinen Gedanken, Vorstellungen, in meinem Herzen. Auch heute ist nichts von ihr in meiner Erinnerung verblaßt. Ich weiß jetzt mit Sicherheit, daß es immer so bleiben wird, weil sie mir immer ganz nah sein wird, solange ich lebe. Und darüber bin ich sehr froh. Ich muß mich nicht mehr anstrengen, sie im Gedächtnis zu behalten. Das geschieht sowieso. Da hat sich etwas in mein Herz, meine Seele, mein Gehirn eingebrannt, das immer bleibt, das ich nie vergessen kann. Es ist wahr: Ein Mensch stirbt erst wirklich, wenn hier auf Erden niemand mehr an ihn denkt.

Ich habe begriffen, daß man auch mit so einem Schicksalsschlag weiterleben kann, wenn man es will und sich dabei helfen läßt. Hilfe, die ich in dieser schweren Zeit erhalten habe, vergesse ich nie. Sie war wie Balsam auf meine kranke Seele: Die vielen in lieben Worten ausgedrückten Beileidsbekundungen, die uns abgenommene Organisation der Beisetzung und die würdige Ausgestaltung des Zusammenseins danach. Nicht selbstverständlich war auch die Tatsache, daß der Betrieb „Untergrundspeicher Mittenwalde", in dem Kerstin die praktische Ausbildung als Lehrling absolvierte, die gesamten Bestattungskosten übernommen hat. Man hat uns nicht alleine gelassen. Ich bedauere es heute sehr, daß ich ihnen allen viel zuwenig gedankt habe, weil ich bei all dem Leid dafür keine Gedanken hatte. Ich wünschte, ich könnte ihnen allen heute noch einmal ganz fest die Hände schütteln.

Und ich weiß heute auch mit Sicherheit: Nichts wird mehr so wie vorher sein!!

Bis heute habe ich kaum etwas in Kerstins Zimmer verändert. Nur von ihrer Kleidung habe ich mich inzwischen getrennt, sie verschenkt oder dem Roten Kreuz zur Verfügung gestellt, von den gesammelten Stofftieren die meisten verschenkt. Von ihren persönlichen Dingen (Ansichtskartensammlung, Büchern, Tagebuch, Briefen, schriftlichen Aufzeichnungen ihrer letzten Ausbildungsjahre, Zeugnissen, Schreibutensilien, ihren gesammelten schönsten Mineralien etc.) habe ich mich nicht trennen können. Sie werden mein Leben weiterhin begleiten. Ich trage mich mit dem Gedanken, Kerstins Zimmer in ein Arbeitszimmer umzugestalten.

31. Oktober

Vor vier Jahren ist das Unglück geschehen. Ich habe nun alles bereits viermal durchlebt. Meine Schritte auf dem Weg durch die Hölle sind zielstrebiger, leichter geworden. Den steinigen Weg habe ich hinter mir gelassen. Ich sehe bereits Licht am Ende des Tunnels. An den Mantel der Trauer habe ich mich gewöhnt, und damit ist er leichter geworden.

In der Bibel steht: Die Erde ist ein Jammertal. Das habe ich in den letzten Jahren auch sehr oft gedacht. Aber ist sie es denn wirklich? Nur weil es viel Leid, Kummer und Enttäuschung auf dieser Welt gibt?! Es gibt aber auch viel Schönes, Sonnenschein, Wärme, Freude, Glück und Liebe. Oft merke ich gar nicht, daß ich gerade das kleine Glück erlebe.

Heute habe ich das erste Mal wieder laut gelacht. Ich war selbst so erstaunt darüber, ja fast erschrocken. Ich hatte geglaubt, nie wieder richtig lachen zu können. Es befreite auch nicht wirklich. Ich hatte das Gefühl, daß es nicht mehr zu mir paßt. Trotzdem war es eine spontane Lebensäußerung, ein Schritt zu meinem neuen Ich. Ich weiß nun, ich werde mich wieder richtig freuen können, werde wieder von Herzen lachen können. Mein Herz hört langsam auf zu bluten. Ich habe begriffen, daß es in jedem Leben Sonnen- und Schattenseiten gibt. Ich will versuchen, die Sonnenseiten bewußter zu leben. Habe ich in den letzten Jahren fast nur Schattenseiten in so konzentrierter Form erleben müssen, so habe ich doch, abgesehen von den ersten Monaten nach Kerstins Tod, nie ganz den Glauben auch an die Sonnenseiten in meinem Leben verloren, immer nach ihnen gesucht. Das hat mir geholfen, immer wieder weiterzugehen, den heutigen Tag zu erleben.

Und während ich diese Zeilen in mein Tagebuch schreibe, erlebe ich wieder ein für mich ganz großes Glück. Ich habe mir wieder einmal eine Schallplatte aufgelegt und höre das Largo aus der 9. Sinfonie von Antonin Dvorak. Welch wundervolle Musik! Und ich kann sie wieder hören, auch wenn mir vor Rührung (oder Freude?) die Tränen in die Augen steigen. Ich spüre wieder, wie gut mir diese Musik tut. Sie durchströmt mich warm, erreicht wieder mein krankes Herz, meine leidende Seele und hilft ihnen, sich zu erholen.

So erobere ich mir Stück für Stück zurück, was mir im Leben je etwas bedeutet hat, nehme es mit auf dem Weg ins Licht.

30. Dezember

Und wieder geht ein Jahr zu Ende. Es hat mir nichts von Bedeutung gebracht, außer daß ich wieder ein Stück ins Leben zurückgefunden habe. Es gab keine Höhen, keine Tiefen, viel Gleichförmigkeit, aber auch einige schöne Glücksmomente mit und in der Natur und im Erleben meiner geliebten Musik. Aber vielleicht brauche ich auch ein gewisses Maß an Gleichförmigkeit, ruhigem Lebensrhythmus, um wieder zu mir zu finden? Und was erwarte ich eigentlich? Den Wunsch, das neue Jahr möge mir meine Tochter zurückbringen, habe ich nicht mehr. Ich bin zufrieden, denn die mir nahestehenden Menschen sind noch an meiner Seite, besonders meine Mutter, meine Geschwister.

Wir haben den Bungalow inzwischen längst fertiggestellt, nur näher sind sich mein Mann und ich dabei auch nicht wieder gekommen. Wenn eine Ehe ihren Sinn verloren hat, kann man nicht auf Hilfe von außen hoffen. Wir haben uns kaum noch etwas zu sagen. Diese Erkenntnis ist sehr bitter für mich. Ich habe ihn geheiratet, weil ich glaubte, es reicht für ein ganzes Leben. Wir leben nicht miteinander, sondern nebeneinander, jeder für sich alleine. Es gibt keinen Streit, aber auch keine gemeinsame Freude.

Frieden ist noch auf unserer Erde. Er ist sogar etwas sicherer geworden. Das neue Jahr beginnt für mich ohne Tränen, mit stiller Einkehr und meiner absoluten Lieblingsmusik, dem Violinkonzert g-Moll von Max Bruch. In mir ist auch wieder Raum für eine Reihe neuer Wünsche und Hoffnungen, verbunden mit dem Beginn des neues Jahres: Frieden für alle Menschen auf unserer Welt, ein wenig mehr Glück für alle Kinder, die ich noch immer sehr liebe, gerade weil ich meine Kerstin hatte, und Gesundheit für meine Lieben und für mich und auch noch ein kleines bißchen Liebe, nach der ich mich so sehne. Eine innere Stimme verlangt von mir, dafür selbst etwas zu tun, aber ich habe noch nicht die Kraft dazu, bin froh, wenn alles friedlich verläuft.

22. Mai 1988

Wir waren ein paar Tage mit dem ganzen Arbeitskollektiv im Harz. Gemeinsames Abendessen in einer Gaststätte, nebenan wurde getanzt. Eine Kollegin bedrängte mich, doch einmal mit ihr zu tanzen. Tanzen! Wie lange hatte ich nicht mehr getanzt!? So viele Jahre! O ja, ich wollte. Und ich tanzte und tanzte, bewegte mich in der Welt der Töne, im Einklang mit ihnen, leidenschaftlich, voller Hingabe, ließ den Rhythmus in meinen Körper. Die Wirklichkeit um mich herum nahm ich nur unbewußt oder gar nicht wahr. Ich tanzte mit jeder Bewegung ein Stück davon aus, was mich noch immer schmerzt und bedrückt, und wurde dabei immer lockerer und freier. Ich tanzte wie noch nie in meinem Leben!

Bisher hatte ich geglaubt, daß man das nur kann, wenn man sich in einer freudigen Stimmung befindet, und bin nun um eine weitere Erfahrung reicher. Ich fühlte mich beim Tanzen von den Bewegungen getragen und in ein Schwingen versetzt, das innerlich auch dann noch anhielt, als ich mich schon längst völlig ausgepumpt und körperlich müde mit zitternden Knien wieder an meinen Platz gesetzt hatte. Das Tanzen hat meiner Seele heute geholfen, sich zu befreien, für kurze Zeit wieder einmal zu schwingen. Sie hat es geschafft, sich zu erheben. Es geht wieder ein Stück aufwärts.

Ich bin so froh, auch tanzen kann ich wieder, und noch viel besser als vorher. Ich habe früher so gern getanzt. Nur leider können die Männer, mit denen ich verheiratet war und bin, nicht tanzen, oder sie haben keine Freude daran. Ich habe heute gespürt, wie sehr das Tanzen helfen, welche Kraft davon ausgehen kann, und bin sehr dankbar für diese Erkenntnis. Ich kann den Weg ins Licht nun beschwingter gehen.

Ich muß die Augen, mich selbst wieder ganz öffnen, sehen, was es zu sehen gibt, den Menschen wieder bewußt ins Gesicht schauen. Die Augen sind das Fenster zur Welt. Und es gibt mehr auf dieser Welt als mein Leid. Um mich herum wird gelebt, geliebt, sich gefreut und auch gelitten. Jeder hat wie ich seine Narben auf der Seele. Ich will wieder auf die Menschen zugehen, offen sein für ihre Probleme, teilhaben an ihrer Freude. Vielleicht ist das die beste Ablenkung, eine weitere Möglichkeit, wieder und neu selbstbewußt zu leben.

6. Juni

Die Tage unterscheiden sich kaum voneinander. Sie kommen und gehen. Am Tag den beruflichen Pflichten nachgehen, am Abend zu Hause die notwendigen Hausarbeiten erledigen, und wenn noch Zeit bleibt, Ablenkung durch Handarbeiten und Fernsehen, an den Wochenenden draußen auf dem Grundstück. Diese Wochenenden brauche ich, sehne ich herbei, um immer wieder neue Kraft zu schöpfen. Hier habe ich die Möglichkeit, alle meine Sinne einzusetzen, zu genießen und mich zu freuen. Das durchbricht die Eintönigkeit des Wochenalltags, der nicht dazu beiträgt, neuen Lebensmut und neue Freuden zu finden.

In der Natur ist nichts eintönig. Alles ist ständig in Bewegung, in der Entwicklung, in der Veränderung, im ewigen Kreislauf der Natur. Alles ist immer wieder neu und schön. Obwohl in Bewegung, ist doch nichts in Unruhe, alles hat seinen tiefen Sinn, seinen Zusammenhang, alles verläuft in klar überschaubaren Gesetzmäßigkeiten. Das Grün der Pflanzen, das Vorherrschen der grünen Farbe in so vielen Nuancen tut meinen Augen gut, hilft mir, mich zu konzentrieren und dabei selbst zur Ruhe zu kommen. In der Natur liegen Stürme und friedliche Stille eng beieinander. Erst nach einem Sturm empfindet man die Flaute, die Stille als etwas Dankbares. Die Vögel singen am Abend in der Dämmerung noch einmal, gerade so, als würden sie sich die Erlebnisse des Tages berichten, bevor sie zur Ruhe gehen. Danach folgt jeden Abend absolute, unendliche Stille in der Natur, die ich fast schon hören kann.

Nicht ein Windhauch ist zu spüren. Die Kiefern strecken sich völlig unbeweglich, filigran, wie ein Scherenschnitt dem Himmel entgegen, bis es ganz dunkel ist und die Konturen ganz verschwunden sind. Die Luftbewegung setzt erst dann wieder ein, wenn die Nacht bereits hereingebrochen ist. Ich liebe diese Zeit der Dämmerung, wenn die Farben immer mehr verblassen, in grau und schwarz übergehen und dann alles von der Dunkelheit der Nacht eingehüllt wird. Dabei muß ich immer an Johann Wolfgang von Goethes „Wanderers Nachtlied" („Ein Gleiches") denken:

„Über allen Gipfeln ist Ruh;
In allen Wipfeln spürest du kaum einen Hauch;
Die Vögelein schweigen im Walde.
Warte nur, balde ruhest du auch."

Es steht noch heute auf einer Tafel an der Hütte auf dem „ Kickelhahn" bei Ilmenau, dort, wo er es gedichtet hat, in meiner Heimat. Mir ist bewußt, das unser Grundstück die Verbindung ist zu meinem geliebten Thüringer Wald und meinem jetzigen Zuhause hier in Berlin, und empfinde es wie ein Geschenk. Ich bin so dankbar und erlebe bewußt die Rückkehr des inneren Friedens in mir. Auch wenn dieser etwas überschattet wird von einer Feststellung, die ich heute abend traurig machen mußte: Ich habe ein ständiges Zischen in meinen Ohren. Mal ist es schwächer, mal stärker, aber es geht nicht mehr ganz weg. Noch ein Tribut an meine Gesundheit, den ich zahlen muß.

31. Oktober

Der Sommer ist vergangen. In der Natur ist das Vergehen in vollem Gang. Es bedeutet aber immer auch bereits Vorbereitung auf neues Leben, neue Hoffnung und die Gewißheit einer neuen Wachstumsperiode. Deshalb empfinde ich darüber keine Traurigkeit. Der Herbst mit seiner herrlichen Laubfärbung beglückt das Auge mit Farben, die wir Menschen uns gar nicht so schön ausdenken können. Dieses Leuchten dringt tief in mein Herz, in meine Seele.

In dieser Jahreszeit ist es auf dem Grundstück besonders schön und ruhig. Deshalb genießen wir es nun das ganze Jahr über. Es ist alles fertig, wir können mit unserem Kaminofen heizen.

Ich genieße die langen Abende am flackernden

Feuer, die Spaziergänge durch den Wald, das Pilze-
suchen, den Wind, wenn er durch die Baumkronen
pfeift, das Knacken und Stöhnen der Äste, das Krei-
schen der Graugänse, wenn sie in ihren V-Forma-
tionen am Himmel in Richtung Süden ziehen. Sie
sammeln sich unweit unseres Grundstückes in einem
Wiesental, durch das ein kleiner Bach fließt. Während ich durch diese einzigartige Landschaft gehe,
laufe ich in mein neues Leben, lasse ich diese dunkle
Hölle immer weiter hinter mir. Meine Schritte sind
nicht mehr so müde, sondern bereits kräftiger, der
Kopf nicht mehr schwer und gesenkt, sondern auf-
gerichtet. Der Mantel der Trauer ist viel leichter geworden. Auch die dunkle Jahreszeit kann mich nicht
mehr erdrücken. Die Sonne scheint auch in diesen
kalten Monaten, nicht so lange und nicht so warm,
aber dafür um so klarer, reiner, leuchtender.

Heute ist der Unglückstag. Ich muß daran denken und kann es ohne Tränen. Ich glaube, jetzt geht
es wirklich aufwärts, nach fünf Jahren voller Kummer und Leid. Ich habe auch heute große Sehnsucht
nach meinem Kind. Die Frage ist nur, wieviel ich
davon zulasse. Ich versuche mich abzulenken, an
schöne andere Dinge zu denken. Es gelingt mir, weil
mein Geist wieder zu guten Gedanken fähig ist, weil
meine fünf Sinne wieder funktionieren. Und so habe
ich die Aufzeichnungen in meinem Tagebuch heute

mit Schönem begonnen und will sie auch nicht mit Traurigem beenden.

12. November

Der Kummer der letzten Jahre ist mir im wahrsten Sinn des Wortes „unter die Haut" gegangen. Im Bereich der Nieren auf dem Rücken zeigt sich nun schon zum wiederholten Mal ein juckender Fleck, etwa zwei bis drei Zentimeter groß. Er beginnt mit einem Jucken unter der Haut. Jeder Druck darauf oder im Umfeld von etwa zehn Zentimetern schmerzt, als braue sich darunter etwas zusammen, das dann in diesem juckenden und schmerzenden Fleck herauskommt. Nach etwa einer Woche ist er dann wieder verheilt. Ich habe eine Salbe bekommen, die hilft. Die Abstände, bis er sich wieder zeigt, sind unterschiedlich, mal ein Monat, mal länger, aber immer im Bereich der Nieren. Vielleicht ist das eine empfindliche Stelle meines Körpers. Schon als Kind hatte mir meine Mutter immer beigebracht, die Brust (Lunge und Bronchien) und die Nieren müssen zugedeckt sein, um Erkältungen und Krankheiten zu vermeiden. Später habe ich das auch an meine Kerstin weitergegeben. An dieser Stelle habe ich nun oft auch Rückenschmerzen, die mich sehr einschränken, mich niederdrücken. Ich war vorher ein wirklich gesunder Mensch, sehr selten Erkältungen, keine Krankheiten. Deshalb bin ich auch nie auf die Idee gekommen, daß es auch anders kommen könnte. Ich nahm es wie eine Selbstverständlichkeit.

Meine Gesundheit ist etwas, das ich zur Zeit nicht „im Griff habe". Noch immer ist auch mein Herz nicht zur Ruhe gekommen. Es schlägt laut und bei Unvorhergesehenem sofort bis zum Hals hinauf, aus Angst, es könnte wieder ein Ereignis eintreten, das mich so stark erregen, mir weh tun könnte. Ich fühle, daß ich für neues Unglück keine Kraft mehr hätte. Und so bin ich froh, wenn alles in ruhigen Bahnen verläuft. Aber vielleicht würde auch ein bestimmtes Maß an Abwechslung dazu beitragen, schneller zu einer neuen Lebensqualität zu finden!? Ich weiß, zufrieden bin ich mit diesem meinem Leben nicht! Es ist da noch so vieles, das mich hemmt, nicht frei atmen läßt, einer Klärung bedarf.

Und da ist die immer größer werdende Sehnsucht nach einem Menschen, nach einem Partner, der mich einfach in die Arme nimmt, festhält, nicht aufgibt, bis das Eis in mir schmilzt, der meine Hand fest und warm umschließt, der mich mit starken Armen auffängt, mir heraushilft aus diesem Tunnel. Nein, ich bin noch nicht raus aus dem Tunnel, aber an seinem Ende erscheint mir das Licht besonders hell. Dort will ich hin, dort will ich ankommen und mein Leben neu beginnen.

23. Juni 1989

Mehrere Monate habe ich keine Eintragungen mehr in meinem Tagebuch vorgenommen. Es gab nichts zu schreiben, das nicht schon geschrieben wurde. Eintönigkeit im Verlauf der Tage, Wochen, Monate. Nichts von Bedeutung, nichts, das mein Leben in positiver oder negativer Hinsicht erschüttert hätte. Ich habe ein flaues Gefühl im Magen, wenn ich daran denke, daß das bis an mein Lebensende so weitergehen soll.

Ich kenne dieses Gefühl, hatte es schon einmal, und da stand ich am Beginn eines neuen Lebensabschnittes. Kerstins Vater, mein erster Mann, war meine große Jungendliebe. Ich habe ihn sehr geliebt. Er war mir am Anfang viel zu nah, um zu erkennen, daß wir nicht wirklich zusammenpaßten, viel zu unterschiedliche Interessen hatten. Nur ganztägige Arbeit im Kindergarten, Hausarbeit und Betreuung von Kerstin, das war mir auf Dauer nicht genug. Ich habe für ihn alles aufgegeben, was mir bis dahin etwas bedeutete, bin ihm aus meinem geliebten Thüringer Wald nach Magdeburg gefolgt, habe meine Freundinnen in Ilmenau zurückgelassen. Es gab kein Tanzen, keine Theater- und Opernbesuche mehr, keine Höhepunkte in unserer Ehe. So haben wir uns in sieben Ehejahren ganz heimlich und still auseinandergelebt, blieb die Liebe auf der Strecke. Für ihn waren nach der Arbeit nur seine Freunde wichtig, er traf sich mit ihnen, kam erst zum Abendessen nach Hause. Ihm genügte es, er war damit zufrieden, und ändern konnte ich einen erwachsenen Mann auch nicht mehr.

Es darf in einer Ehe nicht sein, daß einer sein Leben, seine Interessen lebt und der andere alles aufgibt, was ihm etwas bedeutet. Das kann auf Dauer nicht gutgehen. Die Liebe stirbt, wenn sie nicht wie eine Flamme ständig neu geschürt wird. Die Entwicklung meines eigenen „Ichs" ging mit ihm nicht mehr weiter. Ich lebte nicht sein Leben und auch nicht meines. Ich lebte irgendwo dazwischen und deshalb um so intensiver mit und für mein Kind. Ich habe auf etwas gehofft, auf etwas gewartet, das doch nie kam. Ich bin in dieser Ehe auch nie irgendwo angekommen. Schließlich hatte ich nur noch Angst vor einem ganzen Leben immer so weiter und mußte deshalb gehen, in Freiheit weitergehen, irgendwohin. Ich habe mitgenommen, was mir das Liebste war, mein Kind. Kerstin ist das Geschenk dieser sieben Ehejahre, und dafür werde ich ihm ewig dankbar sein. Deshalb war nichts umsonst. Auch er hat ein neues Eheglück gefunden, das ich ihm von Herzen gönne.

Nun spüre ich wieder dieses Gefühl, den Drang, unbedingt etwas ändern zu müssen in meinem Leben. Worauf warte ich, vielleicht auf einen Anstoß, eine Gelegenheit, auf die nötige Kraft?

Meine Kerstin fehlt mir immer noch und genauso stark wie am ersten Tag. Aber ich kann an sie denken, ohne zu weinen. Ja, ich habe Sehnsucht nach ihr. Aber ich habe gelernt, mich selbst zu schützen, die noch immer schmerzende Sehnsucht zu unterdrücken, sie immer öfter nicht zuzulassen. Ich lebe mit der Erinnerung an sie. Aber dieser Schicksalsschlag sitzt tief. Ich habe mir heute mein Gesicht im Spiegel bewußt angeschaut und nicht ohne Bitterkeit festgestellt, wie es sich doch verändert hat. Traurig, verkniffen und vergrämt sehe ich aus, die ersten grauen Haare an der linken Schläfenseite. Es ist mir nicht mehr egal, wie ich aussehe! Ich bin nicht zufrieden damit! Aber ein frohes, glückliches Aussehen, Ausstrahlung kommt von innen. Es läßt sich nicht erzwingen und auch nicht aufschminken. Das Gesicht ist das Spiegelbild der Seele, habe ich irgendwo gelesen. Wie wahr! Man hat mich oft beneidet um den natürlichen Glanz in meinen Augen, das immer frische Aussehen meiner Wangen. Aber wie soll es wiederkommen, wenn innen so wenig brennt!?

21. Juli

Ich habe heute meine Fahrerlaubnis gleich beim ersten Versuch geschafft. Ich bin sehr glücklich darüber, weil ich mir damit eine große Eigenständigkeit, Unabhängigkeit geschaffen habe und weil ich wieder einmal ein Ziel erreicht habe, schnell und entschlossen. Wie sehr habe ich diesen Erfolg gebraucht! Ich empfinde das als einen Meilenstein auf dem Weg in meine neue Selbständigkeit, in mein neues Leben. Meine Kerstin saß heute in Gedanken neben mir, hat mir Mut gemacht, an mich geglaubt. Diesen Sieg war ich ihr und mir schuldig!

3. November

Ich darf drei Wochen zur vorbeugenden Kur nach Rohrbach in Thüringen fahren. Wie freue ich mich auf diese Wochen! Sie werden mit Sicherheit abwechslungsreicher sein als die Tage und Wochen zu Hause. Ich freue mich, abschalten zu können, denn die Kopfschmerzen kommen immer noch viel zu häufig, sind fast zu einem ständigen Begleiter geworden, wenn ich am Schreibtisch arbeite. Hinzu kommt die Hektik der letzten Wochen, die auch mich nicht zur Ruhe kommen läßt. Was wird aus unserem Land? Wohin geht die Entwicklung? Alles ist offen!

Für die Kur nehme ich mir vor, viel zu schlafen, auszuschlafen, um diese ständige Müdigkeit loszuwerden, zu laufen, möglichst oft und lange, und mich an der Natur zu erfreuen. Das wird mir nicht schwerfallen, ist Thüringen doch meine Heimat. Aber ich will auch neue Beziehungen knüpfen zu Menschen, an denen ich bisher eher achtlos vorbeigegangen bin. Werden wir auch nur eine kleine Gruppe sein, so wird es doch Gesprächsstoff genug geben. Andere Menschen, andere Ansichten, neue Gedanken. Ansonsten erwarte ich nicht viel mehr von dieser Kur, denn es ist November, und von diesem Monat hatte ich bisher nie etwas Gutes zu erwarten. Schon Heinrich Heine schrieb in seinem „Deutschland – Ein Wintermärchen":

„Im traurigen Monat November war's,
die Tage wurden trüber.
Der Herbst riß von den Bäumen das Laub,
da reist' ich nach Deutschland hinüber."

Auch er fand den November traurig. Also wird auch diese Kur mein Leben sicher nicht sonderlich verändern, aber ich hoffe doch, es wenigstens etwas bereichern.

10. November

Die Mauer wurde heute nacht geöffnet! Gestern abend, am 9.11.1989, berichtete das Fernsehen: „Die Mauer ist offen …" Ein Sensationseinbruch in unsere Kuridylle.

Wir verfolgten alles: ungläubig! In Berlin tanzten die Menschen auf der Mauer. Die Lampen der Nacht spiegelten sich in ihren Augen, ließen sie besonders leuchten.

Die Gesichter strahlten unbändige Freude aus. Wir waren nicht mittendrin, zu weit weg von Berlin, um diese Atmosphäre dort selbst atmen zu können. Ich empfinde für das ganze Geschehen heute weder Freude noch Trauer, nur eine große Unsicherheit. Hier fällt sich niemand in die Arme. Wir schauen uns nur verwundert an, ungläubig. Wie ist das alles möglich? Alles ist wie ein Traum, kommt so unverhofft. Auch wenn ich jetzt in Berlin wäre, gehörte ich sicher nicht zu den Menschen, die auf der Mauer getanzt haben. Die Sehnsucht, in den Westteil der Stadt zu gehen, war nie so groß, daß ich es nun sofort getan hätte. Es fällt mir schwer, das alles zu begreifen. Ist nun wirklich der geheime Wunsch, den ich immer im Herzen getragen habe, meine Heimat, mein Deutschland wieder vereint zu sehen und zu erleben, in Erfüllung gegangen? Aber so? Wir haben doch geglaubt, das fortschrittlichere Land zu sein.

Und, ist das alles wirklich und von Dauer, oder nur vorübergehend?

Wie geht es weiter? Wie wird die Sowjetunion reagieren? Was wird aus unserer Arbeit, wenn wir von der Kur zurück sind? Wie geht es mit der Akademie weiter? Womit werden wir unser Geld verdienen, das man nun einmal zum Leben braucht? Was wird jetzt anders, was besser, was schlechter? Es sind so viele Fragen, die mich und uns alle bewegen, auf die aber noch niemand eine Antwort weiß. Es gibt soviel zu reden, und wir tun es ausgiebig. Wir dürfen bis zum Ende der Kur hierbleiben. Man braucht uns nicht dringend in Berlin. Wie es auch immer kommt, wir können nichts mehr ändern. Alles nimmt sowieso seinen Lauf. Ich fühle mich wie in einem Sog mitgerissen.

13. November

Wir waren heute mit dem Trabbi in Coburg. Es ist nicht weit von Rohrbach entfernt. Welch Gefühl, vorher war es unerreichbar weit für uns. Wir wollten einfach nur wirklich sehen und begreifen, daß das, was wir im Fernsehen jeden Tag verfolgen konnten, auch wirklich wahr ist. Die Grenze ist keine Grenze mehr. Wir erlebten normales Leben, keine solche Euphorie wie in Berlin. Es ist alles freundlicher, die

Häuser und Straßen besser erhalten, mehr Farbe auch in den vollen Läden, viel Reklame, schöne Autos. Wir sahen und nahmen es in uns auf. Es ist einfach schön, daß diese Fahrt ohne Probleme möglich war. Aber wir fuhren gern in unser Rohrbach zurück, weil wir uns hier wohl und geborgen fühlen.

25. November

Die Kur ist vorbei. Ich muß dem November viel abbitten. Er hat mir das Liebste genommen, das ich hatte, aber er hat mich auch endgültig ins Leben zurückgeführt. Ich habe ein neues Glück gefunden, kann wieder lieben, aus ganzem Herzen, mit ganzer Kraft, so stark und tief wie noch nie!!

Ich hänge wieder an meinem Leben, das so plötzlich, ja von einem Tag auf den anderen wieder und noch viel mehr von dem bereithält, was ihm eigentlich Sinn gibt: dazusein für einen Menschen, den man liebt, sich nach ihm zu sehnen und gleichzeitig zu wissen, daß diese Sehnsucht Erfüllung finden kann, sich auf etwas zu freuen und Freude zu empfinden, die ihren Höhepunkt erreicht, wenn man spürt, daß auch der geliebte Mensch in gleicher Weise empfindet, sich fallen zu lassen, gänzlich zu lösen und frei zu werden von allem Belastenden und Bedrückenden.

Ja, es stimmt: Eine neue Liebe ist wie ein neues Leben! Leben – das klingt jetzt wieder wie Musik, berauschend schön, voller Überraschungen. Ich spüre, daß ich diesem Leben wieder gewachsen und bereit bin, es in vollen Zügen zu genießen, mitzugestalten und auch mit Problemen fertig zu werden. Ich fühle außer tiefer Liebe auch eine große Dankbarkeit für ihn. Ich weiß nun, daß man zwar allein viel für sein Glück tun kann, aber man sich selbst wohl am besten helfen kann, wenn man sich offenhält für das Leben und die Hilfe anderer. Er stand am Ende des Tunnels, hat mir seine Hände entgegengestreckt und mich mit aller Kraft herausgezogen ans Licht, wieder ganz zurück ins Leben, so als hätte ihn mir jemand geschickt, zur rechten Zeit, als ich am Ende des Tunnels angekommen war, meine Seele wieder gesund und in der Lage war zu schwingen.

Wie es Friedrich Schiller („Die Gunst des Augenblicks") so wunderbar ausdrückt: „Aus den Wolken muß es fallen, aus der Götter Schoß, das Glück …", so ist es über uns gekommen. Wir hatten keine Wahl.

„Das ist der Liebe heil'ger Götterstrahl,
der in die Seele schlägt und trifft und zündet,
wenn sich Verwandtes zum Verwandten findet,
da ist kein Widerstand und keine Wahl,
es löst der Mensch nicht, was der Himmel bindet."

(F. Schiller)

Irgendwann habe ich diese Verse einmal gelesen, gelernt. Ich habe sie mir gemerkt, weil sie mir gefallen haben. Jetzt fallen sie mir wieder ein, unterstreichen das eigene Erlebte. Deshalb verstehe ich sie erst jetzt richtig, wo sie eine Bedeutung haben für mein Leben.

Ich bin fest davon überzeugt, daß Gott die ganze Zeit bei mir war, er hat mich hart geprüft, mir aber auch geholfen, die schwere Zeit zu überstehen. Er hat mich belohnt für mein Durchhalten, indem er mir jetzt ein neues großes Glück geschenkt hat. Er war bei mir, obwohl ich eine lange Zeit meines Lebens nicht mehr an ihn geglaubt habe. Heute glaube ich daran, daß es etwas gibt zwischen Himmel und Erde, das wir Menschen nicht beweisen, nicht mit Worten erklären können. Und ich glaube zutiefst daran, daß meine Kerstin erst wirklich stirbt, wenn niemand hier auf der Erde mehr an sie denkt, ihre Seele kein seelenverwandtes Wesen mehr findet, mit dem sie sich vereinen kann.

Gott hat mir dieses neue Glück geschenkt, nun will ich mich diesem Leben stellen, auch wenn ich spüre, daß das Glück nicht von Dauer sein wird: „... alles Göttliche auf Erden ist ein Lichtgedanke nur" (F. Schiller). Ich will und kann mein Glück nicht auf dem Unglück anderer Menschen aufbauen.

Aber wir brauchen uns jetzt und leben die Stunden, die wir haben. Seit ich ihn liebe, bin ich wieder glücklich. Nicht immer, aber es ist besser, manchmal ohne Glück zu sein, als ohne Liebe! Ich bin sicher, daß ich auch das Ende verkraften werde, weil mir das Schlimmste im Leben bereits passiert ist. Noch einmal stürzt mich nichts in dieses tiefe finstere Loch, weil ich weiß, wie es darin aussieht, wie man sich dort fühlt. Ich fühle jetzt eine nie gekannte Stärke in mir. Meine Kerstin würde sich mit mir freuen.

12. Dezember

Unser Land befindet sich in einem Um- und Aufbruch, so wie ich selbst! Was für eine Zeit!!

Vieles erscheint chaotisch. Man kann die Ereignisse kaum fassen und so schnell verarbeiten, wie sie sich vollziehen. Niemand weiß, wo es uns hinführen wird. Ich hoffe und wünsche sehr, daß nun all das ins reine gebracht wird, was uns hemmte, sowohl im Denken als auch in konkreten Taten, daß wir unsere Welt nun wieder so sehen können, wie sie wirklich ist, und nicht, wie wir sie uns wünschen.

An der Akademie bemühen wir uns, unsere Arbeit zu erledigen. Aber die Hektik und Unsicherheit des ganzen Lebens im Lande hemmt auch mich. Hat das alles noch einen Sinn? Wie geht es nun weiter mit unseren Forschungen? Ich ertappe mich bei dem Gedanken, daß ich nicht traurig darüber wäre, eine andere Arbeit erledigen zu können. Das macht mir bewußt, wie wenig ich mit meiner Arbeit an der Akademie zufrieden bin.

Was im Moment für mich zählt, ist meine Liebe zu ihm. Ich lebe für die wenigen gemeinsamen Stunden, die wir haben. Und dazwischen sehne ich mich nach ihm, seiner Nähe und Wärme, der Geborgenheit, nach den Gesprächen mit ihm. Dieses starke Gefühl überdeckt die Sehnsucht nach meiner Tochter, macht es mir leichter, sie langsam loszulassen.

Ich sitze hier am Fenster, schreibe in mein geliebtes Tagebuch, schaue hinaus. Unser Berliner Himmel ist etwas ganz Besonderes. Der Tag übergibt langsam an die Nacht. Der westliche Himmel ist leuchtendrot, geht in Richtung Osten in eine Rosa- bis Türkisfärbung über, zeigt sich daran anschließend in einem samtigen Blau bis Dunkelblau. Immer mehr Sterne leuchten am dunklen Himmel auf, und nach und nach gehen hier bei uns die Lichter an. Die Erde lebt. Ich habe mein Leben wieder neu begonnen. Dort, wo ich vorher aufgehört hatte, wirklich zu leben, aber in neuer Qualität, anders als vorher, bewußter, tiefgründiger, dankbarer, mit mehr Glauben und Hoffnung. Glaube, Hoffnung und Liebe liegen so eng beieinander. Wo Glaube ist,

ist Hoffnung. Seit ich wieder glaube, habe ich auch Hoffnung auf noch viel Schönes in meinem Leben, liebe ich mein Leben leidenschaftlich! Nie vorher habe ich das so empfunden.

Diese Liebe, dieses Gefühl ist ganz tief in mir, in meinem nicht mehr blutenden Herzen. Meine Augen sehen anders, meine Ohren hören besser, ich empfinde intensiver als vorher. Ich schaue auf die Welt mit meinem Herzen und meinem Verstand. Diese Kombination bekommt mir sehr, sehr gut!

Andere haben durch so einen Schicksalsschlag die Liebe zu Gott verloren, ich habe sie wiedergefunden, den Glauben an eine höhere Gewalt, an das Schicksal.

Ohne den Glauben wäre unsere Welt um so vieles ärmer. Es gäbe kein „Ave Maria", keine Kirchenglokken, die gerade in diesem Moment so heimisch durch die hereinbrechende Nacht zu mir herüberschallen. Ich höre sie gern, es tut mir gut. Wie phantastisch müßte es erst klingen, wenn die Glocken aller Berliner Kirchen zusammen erklingen würden! Nun ist ja auch das möglich.

24. Mai 1990

„Frühling läßt sein blaues Band wieder flattern durch die Lüfte …" Wunderschöne Frühlingszeit!! Mein

Blick ist wieder voll nach außen gerichtet, ich sehe das Schöne, seine Kraft kann mich wieder erreichen, durchströmt mich ganz. Ich habe heute den langen Spaziergang hier in Klosterfelde genossen, wie lange, lange nicht mehr.

Wie so oft zog es mich ins Wiesental, dort wo die Frühlingssonne ungestört scheinen kann, auch meinen Körper voll trifft und von außen wärmt. Welch atemberaubendes Erlebnis: So also riecht die Wiese, wenn sie die Wärme der Sonne, die sie vorher eingeatmet hat, wieder ausatmet! Die Wärme und Kraft der Sonne hatte sich vereint mit dem Duft der noch feuchten Erde und der frischen maigrünen Pflanzen. Ich atmete diese Luft mit geschlossenen Augen tief ein und spürte, wie diese Kraft in mich floß, mir fast die Lunge sprengen wollte. Es war wie ein Rausch von Glückseligkeit und Zuversicht.

Es tat so gut, über diese Wiese, durch das Tal der Blumen und Gräser zu gehen und das Tal der Tränen weit hinter mir zu lassen. Ich zog die Schuhe aus und lief barfuß, so wie ich es als Kind so oft getan hatte. Und ich fühlte mich wieder wie ein Kind, so unbeschwert leicht, fern jeder Last, einfach nur glücklich. Meine Seele konnte endlich wieder schwingen, schwebte schwerelos über das Tal. Ich war allein, konnte tun und lassen, was ich wollte, tanzte mit bloßen Füßen über diese weiche, feuchte, von der Sonne erwärmte Wiese und fühlte mich einfach wunderbar.

Die Tränen, die ich hier bei vielen Spaziergängen in den letzten Jahren geweint habe, sind getrocknet. Ich habe hier in der Natur nicht nur zu mir zurückgefunden, sondern ich bin über das Vorher hinausgewachsen. Es ist sehr lange her, daß ich so ähnlich empfunden habe. Es muß zuletzt in meiner Kindheit gewesen sein. Vielleicht habe ich aber auch noch nie so bewußt das Leben in mir gespürt. Ich habe die natürliche Umwelt eher als etwas Selbstverständliches wahrgenommen, nicht als etwas Besonderes, als ein Geschenk.

29. Juli

Es ist Sommer. Jeder verlebt seinen Urlaub in „seiner" Welt. Er mit seiner Familie. Ich in meinem geliebten Klosterfelde. Aber ich will nicht klagen. Wir waren zusammen im „Wörlitzer Park", in Rheinsberg und im Kloster Chorin, wo jeden Sommer wegen der ausgezeichneten Akustik beeindruckende klassische Konzerte stattfinden. Dort dachte ich: Es müßte herrlich klingen, ihm hier das Lied: „Ein schöner Tag ward uns geschenkt … ist wie ein Edelstein. Er hält dich fest und ruft dir zu, heut sollst du glücklich sein" vorzusingen, erfüllt von Liebe, Dankbarkeit und Glück, das mich ganz durchströmte.

Schade, warum habe ich es nicht getan. Ich sollte häufiger meiner inneren Stimme folgen. Das macht das Leben sicher schöner und reicher.

An diesen Tagen dachte ich nicht an seine Frau. Da war ich Egoist. Ich wollte einfach nur glücklich sein, dieses Glücksgefühl ganz tief in mir spüren. Es war so, als ob mein Herz und meine Seele mir keine andere Wahl gelassen haben. Es war wie ein Befehl: Lebe diese wenigen Stunden und sei glücklich! Aber ich bitte um Verzeihung, wenn ich ihr mit meinem Glück weh tun mußte.

Ich merke, daß ihn dieses Doppelleben belastet, und fühle, daß es nicht mehr lange so weitergehen kann. Es ist schwer, sich einzugestehen, daß wir beide nicht auf Dauer füreinander bestimmt sind. Wir haben uns nur gefunden in einer Zeit, wo wir uns gebraucht haben. Wie zwei Kometen am Himmel ihre Bahn ziehen und sich vielleicht irgendwann treffen, so haben sich unsere Lebensbahnen berührt. Wir haben das Glück, eine Weile vereint unsere Bahn zu ziehen, einander zu helfen, und beginnen bereits, uns wieder zu lösen. Es ist nur noch eine Frage der Zeit.

3. Oktober

Dieser Tag wird in die Geschichte eingehen. Es ist entschieden: Deutschland ist wieder ein Land. Die DDR existiert nicht mehr. Die Unsicherheit der letzten Monate ist vorbei. Es gibt kein Zurück mehr. Es sind zwiespältige Gefühle, die ich empfinde. Ich habe mein Leben in der DDR gelebt, meine Pflichten erfüllt, auf dem Platz, den mir mein Schicksal zugewiesen hatte. Ich habe weder einen Grund, besonders stolz zu sein, noch mich für etwas zu schämen.

Ich habe meine Kindheit, meine Jugend, einen großen Teil meines Lebens hier gelebt und kann und will mir diese Zeit nicht nehmen lassen, sie mir aus dem Herzen reißen. Dafür gibt es keinen Grund, all das hat mich geprägt. Und ich bin kein schlechter Mensch davon geworden. Ich habe als Kind das blaue Halstuch der Pioniere getragen, später das blaue Hemd der FDJ. Mit der Gitarre in der Hand haben wir in der Schule, im Chor, bei Arbeiten auf dem Feld, am Lagerfeuer, bei Feiern und Festen mit Inbrunst unsere Heimatlieder gesungen. Ja, wir haben mit den Bauern jedes Mal gebangt und gehofft, daß es eine gute Ernte wird. Besonders gern habe ich das Lied „Unsere Heimat, das sind nicht nur die Städte und Dörfer, unsere Heimat sind auch all die Bäume im Wald und die Vögel in der Luft und die

Tiere der Erde …" gesungen. Es hat sich tief in mein Herz gebrannt und erheblich mit dazu beigetragen, daß ich meine Heimat als Ganzes liebe. Deshalb fällt es mir auch jetzt nicht schwer, diese Liebe auf ganz Deutschland zu übertragen. Ich habe eigentlich immer ganz deutsch und Deutschland gedacht, hatte ganz tief in mir den Wunsch: Es müßte wieder ein Land sein. Ich sehnte und sehne mich danach, von den Alpen auf unser schönes Land zu schauen, den Rhein hinunterzuschippern, an den Weinbergen und der „Loreley" vorbei, und die Gezeiten der Nordsee zu erleben. Ich liebe mein, unser Deutschland unbändig, mit ganzer Kraft. Schon der Gedanke daran macht mir das Herz weit, so weit, daß ich das alles immer wieder umarmen möchte, die herrliche Natur, die Wälder, Berge, Seen, Flüsse, Täler, Wiesen, die von uns Menschen geschaffenen Städte, Dörfer, Schlösser, die herrlichen Alleen.

Ich glaube, niemand hat es als normal empfunden, daß wir nur in einem Teil unseres Landes leben konnten, der andere Teil uns verschlossen war. Was wurde da vollbracht! Entsprechend dem inneren Wunsch nach Beendigung dieser würdelosen Trennung haben wir diesen Wunsch auf unblutige Weise Wirklichkeit werden lassen. Da ist etwas geschehen, das bisher einmalig in der Welt ist, etwas aus dem tiefsten Inneren heraus, von dem wir selbst nicht zu hoffen gewagt hatten, daß es Wirklichkeit werden könnte. Und das macht mich sehr stolz auf uns, auf unsere Menschen, unser Land.

Nun muß ich mich dem Neuen stellen, sicher viel lernen, und das möglichst schnell, denn ich will auch dieses neue Leben meistern. Uns bleibt keine ganze Schulzeit, um all das zu lernen, was nun auf uns zukommt, was wir lernen müssen, um in dieser für uns neuen Gesellschaft bestehen zu können. Es gibt keinen allumfassenden Lehrgang, der uns den Weg zeigt. Laufen lernen muß jeder selbst. Und das in einer möglichst kurzen Zeit.

Ich empfinde keine Traurigkeit darüber, daß etwas vergangen ist, das auf nichts Neues mehr hoffen ließ, das für mich im behüteten Gleichmaß verlief. Ich empfinde eher spannungsvolle Erwartung und auch Vertrauen in das, was kommt. Noch weiß ich nicht, was mich erwartet. Aber ich denke, daß alles gut wird, daß ich es schaffen werde, trotz der momentanen Unsicherheit auch etwas aus der neuen Situation für mich zu machen. Ich habe einfach Vertrauen in mich selbst und damit keine Angst vor der Zukunft. Ich fühle nur, daß es etwas schwerer sein wird zu bestehen. Ich sehe das Ganze auch als eine Chance zum Beginn von etwas Neuem, und dem habe ich mich bisher immer gestellt.

Warum bin ich nicht traurig darüber, daß es die

DDR nun nicht mehr gibt? Uns hat kein fremdes Land überfallen und vereinnahmt, es gab keinen Krieg. Die natürliche Umwelt hat sich nicht verändert. Die Freude darüber, nun ganz Deutschland erleben zu können, läßt Trauer in mir nicht aufkommen. Es ist nur ein selbstverständlicher Zustand wiederhergestellt worden. Ein Wunsch, der tief in meinem Inneren schon immer vorhanden war, hat sich erfüllt. Wir sind wieder ein Volk, ein Deutschland. Der Rhein, die Donau, die Alpen, Hamburg und München sind wieder ganz nah, auch für uns erreichbar. Ein Kindheitstraum, den Königsee einmal sehen und erleben zu können, wird sich nun vielleicht erfüllen, jedenfalls bestehen dafür jetzt reale Chancen.

Chancen – das ist es! Ich habe neue, reale Chancen. Es ist eine einzige Herausforderung! Ich mache mir nichts vor. Niemand wird mir etwas in den Schoß legen. Ich muß selbst etwas aus diesen Chancen machen.

Ich stand schon oft in meinem Leben an einer Kreuzung, einem Scheideweg und mußte mich entscheiden, welchen Weg ich weitergehen wollte. Ich wußte nie genau, ob ich den richtigen Weg eingeschlagen hatte, merkte es oft erst, wenn ich schon auf dem neuen Weg unterwegs war. Sicher habe ich manchmal zuwenig abgewogen, zuwenig überlegt, welchen Weg ich gehen sollte, obwohl ich immer auch die Möglichkeit hatte, nein zu sagen. Meistens bin ich es einfach angegangen mit „Augen zu und durch". Aber ein Zurück hat es für mich nie gegeben. Ich habe immer nach vorn geschaut, nie zurück. Ich bin immer losgelaufen, in der Hoffnung auf und der Suche nach etwas Neuem, Besserem. Ich hatte immer eine Wahl. Dieses Mal ist es anders: Ich habe keine Wahl. Ich muß den großen, breiten Weg gehen, den mir unser nun wieder vereintes Land vorschreibt, den Weg, der planiert vor mir liegt, den ich aber selbst erst pflastern muß. Es gibt kein Rechts oder Links, kein Ausweichen und schon gar kein Zurück. Dieser Rückweg ist uns allen versperrt. Warum also zurückschauen? Den Blick nach vorn gerichtet und los! Ich nehme das Gute mit aus meinem vergangenen Leben, es ist in mir.

Ich wäre diesen Weg so gern mit meiner Kerstin gegangen. Was hätte sie in ihrer Jugend noch alles für Möglichkeiten. Endlich könnte sie sich ihre Wünsche und Träume erfüllen, Griechenland, Ägypten, Mexiko zu sehen. Sicher hätte sie ihre Berufsziele inzwischen erreicht, das Studium abgeschlossen. Sie hätte gerade in ihrem gewählten Beruf ungeahnte Möglichkeiten, viel von der Welt zu sehen und damit viel Spannung in ihr Leben zu bringen, das es nun leider nicht mehr gibt. Mein lieber Spatz, ich werde mir vieles anschauen, versuchen, es mit deinen Augen zu sehen, dich in meinem Herzen mitnehmen auf diesem Weg.

3. November

Sieben Jahre sind nun vergangen seit jenem Unglückstag. So lange lebe ich ohne mein Kind. Es erscheint mir manchmal wie ein Wunder, hatte ich doch geglaubt, nicht einen einzigen Tag ohne sie leben zu können. Nichts von ihr ist mir in all den Jahren verlorengegangen, nichts von ihr ist in meiner Erinnerung verblaßt. Ich sehe sie vor mir, höre ihre Stimme, gerade so, als wäre sie erst gestern für immer gegangen. Das ist gut so. Ich weiß nun, daß sich daran nie etwas ändern wird. Sie bleibt in meinem Gedächtnis, in meinem Herzen, so wie sie war. Ich habe gelernt, mit der Sehnsucht nach ihr zu leben, trotzdem wieder neu zu leben.

Die sieben Jahre ohne sie waren Jahre des ständigen Kummers, der ungestillten Sehnsucht, des Haderns mit dem Schicksal, der ständigen inneren Kämpfe gegen Resignation, für ein neues, anderes Leben. Aber ich habe es geschafft, habe aus der Hölle und dem dunklen Tunnel herausgefunden. Um mich ist wieder Licht. Vielleicht stimmt es, muß man erst über sieben Brücken gehen, sieben dunkle

Jahre überstehen, um wieder glücklich sein zu können. Folgen nun den sieben schlechten sieben gute Jahre? Es ist gut, daß niemand wirklich weiß, was uns das Schicksal bringt. So bleibt immer Hoffnung auf Gutes.

Und es ist gut, daß ich auch selbst etwas dazu tun kann. Nicht allem bin ich hilflos ausgesetzt. Ich habe mich durchgekämpft, es hat viel Kraft gekostet, aber ich bin weitergegangen und in einem neuen Leben ohne mein Kind angekommen, weil ich das Unabänderliche angenommen habe und mein Leben akzeptiere, wie es ist. Ich glaube: Nur wer sein Schicksal annehmen kann, kann auch glücklich sein. Zufriedenheit ist wohl das A und O für das Glücklichsein im Leben, für das Finden des inneren Friedens in sich selbst. Nun mache ich mich auf den Weg in den nächsten Abschnitt meines Lebens, ohne ein eigenes Kind.

Ich habe ganz hinten in meinem Herzen eine kleine Kammer. Dorthin habe verbannt, was aus meinem Leben nicht mehr wegzudenken ist, was mir Kummer, Leid und Tränen gebracht hat. Wenn sich diese Tür ungewollt hin und wieder ein wenig öffnet, spüre ich den Hauch des Todes noch heute. Er ist noch immer so gewaltig, daß er mich frieren läßt, sich wie ein Schleier auf meine Seele legt. Heute habe ich aber die Kraft, diese Tür immer sehr schnell wieder zu schließen. So lasse ich dem Kummer und Schmerz keine Chance. Nur so ist es möglich, wieder Freude am Leben zu empfinden. Wenn ich mich freuen kann, erholt sich mein angeschlagener Körper, fühle ich mich leichter, freier, lockerer, nehme automatisch eine ganz andere Körperhaltung ein.

Heute tun auch die Gedanken an sie nicht mehr so weh. Im Gegenteil, immer wieder kommen die wunderbaren, glückseligen Momente der Erinnerung an ganz bestimmte gemeinsame Erlebnisse, ganz aus heiterem Himmel, einfach so, hervorgerufen durch eine Melodie, eine Landschaft, einen Gegenstand, durch Gerüche, gemeinsam gegangene Wege, durch Fotos. Sie zaubern von selbst ein Lächeln in mein Gesicht, machen mich wirklich glücklich und geben mir inneren Frieden. Alles entspannt sich, Wärme durchströmt meinen Körper, läßt meine Seele schwingen. Ich empfinde eine große Dankbarkeit, diese Jahre mit meinem Kind wirklich gelebt zu haben. Ich merke immer wieder beglückend, wie tief unsere Mutter-Kind-Beziehungen wirklich waren, wie intensiv unsere gemeinsamen Erlebnisse, sonst wären diese Erinnerungen in ihrer Tiefe gar nicht möglich. Ich bin so froh, daß wir unsere gemeinsame Zeit so ausgekostet haben. So als hätte uns jemand gesagt: Lebt bewußt, denn es bleiben euch nur wenige Jahre. Es ist ein großartiges Geschenk der Natur, daß wir Menschen in der Lage sind, beim Eintauchen in unsere Erinnerungen ganz tief in unserem Inneren großes Glück zu empfinden.

Ich glaube, man kann sein Kind nicht mehr lieben, als ich meine Tochter geliebt habe und noch liebe, ohne sie zu verhätscheln, sie mit meiner Liebe zu erdrücken und damit in ihrer Entwicklung zu hemmen. Es war eine nicht immer leichte Gratwanderung zwischen behütender Liebe und Loslassenkönnen, damit sie lernte, ihren eigenen Weg ins Leben zu finden und zu gehen, auch wenn dieses Leben so kurz, viel zu kurz war.

15. November

Meine Abwehrkräfte sind am Boden. Kaum ist eine Erkältung überstanden, folgt bereits die nächste. So kann es nicht weitergehen. Das drückt auf meine Stimmung.

Ich habe heute einen langen Spaziergang in mein geliebtes Wiesental bewußt genutzt, um meiner Erkältung zu trotzen, die würzige Luft einzuatmen und wieder ein wenig mehr zu mir zurückzufinden. Ich lief durch den Wald, genoß die Ruhe. Es war schön, keinem Menschen zu begegnen. Nur ihn hätte ich heute so gern bei mir gehabt. Aber die Treffen werden immer seltener. Wenn ich schon nicht mit ihm zusammensein kann, so bin ich doch am liebsten alleine.

Ich konnte so herrlich nachdenken, träumen und genießen, was meine Augen sehen durften: Anfangs umhüllte der Novembernebel Wald und Flur noch mit einem zarten grauen Schleier, wurde dann aber nach und nach von der durchbrechenden Sonne zu Boden gedrückt und lag anfangs noch wie ein wehender weißer Schleier auf dem Waldboden und der Wiese. Danach funkelte er in der Sonne als Tau wie tausend Diamanten auf dem noch immer grünen Moos, den welken Blättern und vertrockneten Gräsern. Diese Feuchtigkeit hielt sich den ganzen Tag, denn die Sonne schaffte es nicht, alles zu trocknen. Mich erfrischte sie von innen und außen, machte meine Atemwege wieder frei. Johann Wolfgang von Goethe hat es so wunderbar ausgedrückt:

„Füllest wieder Busch und Thal still mit Nebelglanz,
lösest endlich auch einmal meine Seele ganz;
Breitest über mein Gefild lindernd deinen Blick …"
und des Liebsten Auge mild schaut auf mich zurück.

Für manche Menschen sind Paris oder Venedig die schönsten Fleckchen dieser Erde, weil sie dort ihre Liebe gefunden oder gekrönt haben. Für andere bedeuten sie eher Enttäuschung, weil sie dort nicht gefunden haben, was sie suchten, oder ihre Liebe verloren haben. Es hängt immer mit dem persönlichen Erleben zusammen. Für mich gibt es heute kein schöneres Fleckchen Erde als dieses Wiesental im „schönen Norden von Berlin", weil es mir besonders geholfen hat, ins wirkliche Leben zurückzufinden. Wie oft bin ich hier gewesen, durch dieses Tal gegangen auch mit ihm. Ich fand es schon immer schön, sonst hätte es mich nicht so oft hierhergezogen. Aber niemals vorher habe ich das alles so im Detail gesehen oder empfunden, wie jetzt.

Dieser zurückkehrende innere Frieden in mir weitet auch meinen Blick nach außen, speist sich von dort, lädt sich immer wieder neu auf – eine schier nie enden wollende Quelle meines neuen Wohlbefindens. Wie schön ist unsere Erde! Schöner kann das Paradies doch auch nicht gewesen sein. Nichts kann grüner sein, bunter, leuchtender, nichts kann schöner riechen als unsere Pflanzen, unsere feuchte, atmende Erde, egal in welcher Jahreszeit auch immer! Dem Schöpfer all dessen sei Dank! Nur leider ist es hier auf unserer Erde nicht überall und immer so friedlich, weil die Menschheit insgesamt nicht in der Lage ist, Frieden zu halten und ohne Lug und Trug friedlich miteinander zu leben. Leider!

Ich genieße das Paradies hier auf Erden, auf das ich immer wieder einen Blick frei habe, mit vollen

Zügen. Nur mein Herz kann mit meinen Empfindungen, meinem Denken noch nicht Schritt halten. Es ist noch nicht wieder zur Ruhe gekommen. Noch immer schlägt es laut, und ich weiß nicht, was ich dagegen tun kann. Auch das lange Laufen hat mich trotz des positiven Empfindens angestrengt, müde gemacht. Ab heute nehme ich täglich Vitamintabletten ein. Ich muß etwas zur Stärkung meiner Gesundheit tun, damit nicht all das mühsam erlangte neue Lebensgefühl wieder verlorengeht.

2. Dezember

Noch „arbeiten" wir, besser, noch werden wir für das, was wir tun bezahlt. Aber es ist völlig ungeklärt, ob unsere Akademie bestehenbleibt. Also große Unsicherheit auch bei mir, womit ich Geld für meinen Lebensunterhalt verdienen kann, wenn die Akademie aufgelöst wird. Das belastet sehr. –

Ist es das vorerst letzte Weihnachten mit sicherem Einkommen? Es sind viele mir nahestehende Menschen, denen es genauso geht, ihm, meinem Mann, meinem Bruder. Die Auflösung vieler Dienststellen steht bevor, das ist uns klar. Was bringt uns das neue Jahr 1991?

Bei all der Unsicherheit ist es wohl kein geeigneter Zeitpunkt, um meine Ehe zu beenden. Aber wir leben nur noch nebeneinander, nicht miteinander, nehmen kaum Anteil am Leben und an den Sorgen des anderen. Er ist kaum zu Hause, noch weniger als vorher. Es gibt keinen Streit, keine bösen Worte. Eigentlich leben wir schon getrennt.

2. Januar 1991

Wir befinden uns in der „Warteschleife". Keine Arbeit mehr. Wir dürfen bzw. müssen zu Hause warten, aber wir bekommen unser Gehalt in dieser Zeit weiter. Ich verfolge die Ereignisse interessiert und zunehmend besorgt. Ich befinde mich in einem Wechselbad der Gefühle: Es geht mal auf, mal ab, mal ist Hoffnung, dann wieder nicht. Es ist, als drehe ich mich im Kreis. Ist damit der Begriff „Warteschleife" definiert? Wir sprechen dieses Wort aus, als gehörte es schon immer zu unserem Wortschatz, als wäre es das Selbstverständlichste von der Welt. Aber ich war noch nie in einer Warteschleife. Worauf ich warte, weiß ich: auf Arbeit für mich. Nur, wie endet die Warteschleife? Geht es mit der Arbeit weiter, gibt es eine neue Arbeit oder folgt die Arbeitslosigkeit? Diesen Gedanken möchte ich heute noch nicht zu Ende denken. Aber auch da habe ich Vertrauen: Wenn, dann wird es Arbeitslosengeld geben. Ich muß nicht unter der Brücke schlafen. Ich hoffe auf Gutes!

17. Januar

Es ist wieder Krieg! Ich bin tief erschüttert, wütend und traurig. Heute hat eine im Persischen Golf stationierte multinationale Truppe unter Führung der USA mit Luftangriffen auf den Irak begonnen – „Operation Wüstensturm". Das Wissen darum und die Sicht auf die Brutalität der Ereignisse lassen meine eigenen Sorgen verblassen, machen sie ganz klein.

Warum werden die Menschen niemals schlau? Es geht doch alles auch ohne Krieg!!! Es gibt so viele unvermeidliche Naturkatastrophen auf unserer Erde. Sie fordern immer wieder unzählige Menschenopfer. Warum müssen wir diesen auch noch vermeidbare Katastrophen hinzufügen, bewußt auf unschuldige Menschen schießen??

Das werde ich nie begreifen, auch nicht, daß Gott das zuläßt! –

Ich kann als einzelner Mensch wieder einmal nichts dagegen tun, nur hoffen, daß dieser Alptraum bald zu Ende ist.

18. Februar

Es ist vorbei! Kein leichter Tag für mich. Es soll heute unsere letzte Begegnung gewesen sein. Seine Frau hat von unserer Beziehung erfahren und um ein gemeinsames Gespräch gebeten. Ich hätte es ablehnen können, weil es zusätzlich weh tut, aber ich denke, ich war es ihr schuldig, mich diesem Gespräch zu stellen. Ich wollte ihre Ehe nicht zerstören. Wenn sie noch eine Chance sehen, sie zu retten, dann müssen sie diese ergreifen. Ich hoffe für sie beide, daß sie den Weg von der Einsamkeit zur Zweisamkeit, vom Schweigen zum Miteinanderreden, vom Nebeneinander zum Miteinander in ihrer Ehe wieder finden. Dann hätte sich das alles vielleicht auch für sie gelohnt. Meine Ehe ist schon lange keine mehr. Es hat deshalb auch keinen Sinn, diese mit aller Macht halten zu wollen.

Wir mußten ihr versprechen, uns nie wiederzusehen. Wie das gehen soll, weiß ich heute noch nicht. Es kommt trotz Vorahnung nun doch zu unverhofft, und es gibt doch noch soviel zu sagen. Wir hätten nicht unter einem solchen Zwang, ohne Abschiedsworte nur für uns, voneinander gehen dürfen. So bleibt ein böser Beigeschmack, und das hat unsere Liebe nicht verdient. Aber ich glaube, ich kann loslassen, auch weil ich viel Zeit hatte, mich auf diesen Moment vorzubereiten. Kein Mensch gehört einem anderen. Es geht mit der Trennung auch nichts von meinem neuen Lebensgefühl, zu dem er einen so großen Beitrag geleistet hat, verloren. Er konnte nichts davon mitnehmen. Das alles blieb in mir.

Ich will dieses große Gefühl zu ihm nicht ganz aus meinem Herzen verbannen, denn auch im Verlust und in der Erinnerung liegt noch ein wenig Glück, weil sie mich immer daran erinnern, daß ich die Zeit mit ihm wirklich gelebt habe. Und trotz Bitterkeit über das so traurige Ende bleibt doch die große Dankbarkeit für die Hilfe zur rechten Zeit. Ich mußte wieder einmal begreifen, daß unser Leben Höhen und Tiefen hat, daß Freude und Traurigkeit, Gutes und Böses oft nah beieinander liegen. Heute kann ich nicht jubelnd sagen: Das Leben ist schön. Aber ich will auch nicht zulassen, daß Traurigkeit mein Leben wieder bestimmt, mich niederdrückt. Dagegen wehren sich mein Herz und meine Seele. Sie haben genug gelitten, wollen diesen Schmerz nicht mehr. Das Schicksal hat es so für uns bestimmt.

Ich habe es angenommen, auch wenn es heute noch weh tut. Es wird vergehen. Und es gibt ja auch noch meine geliebte Musik und meine einzigartigen Erlebnisse mit und in der Natur. Es bleibt mir also noch soviel. Die Natur enttäuscht mich nie. Sie ist für mich immer schön, faszinierend zu jeder Jahreszeit, bei Sonne und Regen, bei Flaute und selbst wenn es stürmt. Von ihr geht soviel Kraft aus. Der Sinn des natürlichen Lebens besteht meiner Meinung nach darin, daß es ist, wie es ist, ein Kraftquell für uns Menschen. Meinem Leben muß ich selbst immer wieder einen neuen Sinn geben. Ich mache mich auf den Weg, auch in der Hoffnung auf ein neues Glück, vielleicht irgendwann!

Es war heute ein Tag der Entscheidungen für mich. Auch mein Mann und ich gehen nun endgültig getrennte Wege. Wir wollen die Wohnung vorerst weiterhin gemeinsam nutzen, aber jeder hat dort seinen getrennten Bereich. Unseren Bungalow in Klosterfelde nutzen wir noch gemeinsam. Ich fühle mich wie von einer schweren Last befreit. Kein unwürdiges Versteckspiel mehr, Klarheit in der Beziehung. Ich muß keine Kraft aufbringen, um etwas zu kitten, das nicht mehr zu kitten ist. Die Scheidung ist nur noch eine Frage der Zeit.

29. März

Ohne Arbeit habe ich nun viel Zeit zum Nachdenken. Die Gedanken kommen und gehen, und es sind nicht nur gute. Meine Kerstin würde heute 26 Jahre alt werden. Es wäre so schön, sie gerade in dieser unsicheren Zeit an meiner Seite zu haben. Wir würden wie immer miteinander reden, nach Wegen suchen, uns gegenseitig stützen, uns Mut zusprechen.

Heute empfinde ich den Verlust wieder besonders stark. Er macht mir das Herz wieder einmal schwer. Sie fehlt mir wie die Luft zum Atmen. Meine Mutter und meine Geschwister leben zu weit weg. Auch Freunde fehlen mir jetzt besonders. Wieder einmal muß ich mich alleine durch diese Welt kämpfen.

Der Frühling klopft schon an. Ich bin nun sehr oft in Klosterfelde, nicht nur an den Wochenenden. Die Warteschleife hat so auch ihr Gutes, wenn man das überhaupt so sagen kann. Einerseits ist nun viel Zeit für die Tätigkeiten, die Spaß machen, und der Druck, unbedingt Erfolg haben zu müssen, ist nicht mehr vorhanden, macht mich lockerer, aber andererseits bleibt die große Unsicherheit, die mir das Leben nicht gerade leichtmacht.

Das Ende meiner Beziehung zu ihm kostet mich auch mehr Kraft, als ich glauben wollte. „Der Geist war willig, aber das Fleisch ist schwach." Ich frage mich oft, ob ich, wenn es in meiner Macht läge, alles noch einmal beginnen würde, auch wenn ich wüßte, daß es nur für ein paar Monate reicht und dann der schmerzliche Abschied kommt? Ja, ich würde alles noch einmal leben wollen, alle Höhen und den Abschied. Aber ich würde mit diesem Wissen die gemeinsamen Stunden noch intensiver leben, jede Begegnung, so als wäre sie die letzte. So wie ich es mit meiner Kerstin tun würde, wenn, ja wenn …

31. März

Heute ist Ostersonntag. Ich war wieder unterwegs in meinem Wiesental. Wie immer zu Ostern habe ich voller Inbrunst den sich mir tief eingeprägten „Osterspaziergang" für mich selbst rezitiert:

„Vom Eise befreit sind Strom und Bäche
durch des Frühlings holden, belebenden Blick.
Im Thale grünet Hoffnungsglück.
Der alte Winter in seiner Schwäche
zog sich in raue Berge zurück …"

Diese wunderbaren Verse gehören zu meinem Leben, seit ich sie in der Schule gelernt habe, wie wir alle in ganz Deutschland. Wir alle haben nur einen Goethe, Schiller, Heine, Eichendorff, Becher und nur einen Bach, Beethoven oder Wagner. Ihre Werke, Gedichte, Lieder gehören allen Deutschen (vielleicht auch der ganzen Welt). Man konnte uns in unserer Kultur nie wirklich trennen. Heinrich Heine schrieb in „Deutschland, ein Wintermärchen":

„Denk' ich an Deutschland in der Nacht,
dann bin ich um den Schlaf gebracht.
Ich kann nicht mehr die Augen schließen,
und meine heißen Tränen fließen …"

Heine weinte aus der Ferne um Deutschland. Ich weine nicht um mein Vaterland, denn ich bin hier, und ich glaube, daß es trotz der großen Unsicherheit zur Zeit nirgendwo in der Welt spannender ist als hier bei uns. Ich möchte gern mittendrin mithelfen bei dieser Umgestaltung, aber wie und wo? Wie lange wird es dauern, bis wieder zusammengewachsen ist, was eigentlich schon immer zusammengehörte? Es muß uns doch gelingen, das Leben wieder für alle schön und lebenswert zu machen! –Unser Deutschland muß von den Besten, von solchen Menschen vertreten werden, die das Wohl aller und nicht vorrangig ihr eigenes Wohl im Auge haben, die nicht fragen, was bringt es mir, sondern was bringt es uns allen, unserem Volk, und wie trägt es zum Frieden in der Welt bei? Ich habe soviel Vertrauen in uns! Aber ich sehe meinen Platz in diesem Prozeß noch nicht.

Ich kann mir nicht vorstellen, irgendwo anders in der Welt zu leben. Nicht weil ich es dort nicht schön finde, sondern weil ich ein sehr heimatverbundener Mensch bin, weil ich meine Heimat bedingungslos liebe, meine Wurzeln hier sind. Mein Vaterland bietet alles von den Seen bis zu den Bergen. Immer wieder singe ich gern das Lied von Johannes R. Becher:

„Deutsche Heimat, sei gepriesen,
du im Leuchten ferner Höh'n.
In der Sanftmut deiner Wiesen,
deutsches Land, wie bist du schön."

Meine Heimat! Wenn ich doch meine Gefühle in richtige Worte kleiden könnte! Ich möchte mein nun wiedervereintes Vaterland noch recht lange genießen, all das, was wir in unseren kühnsten Träumen nicht mehr zu hoffen gewagt hatten, aber nun doch erleben dürfen. Wie dankbar bin ich allen, die das ermöglicht haben, besonders Helmut Kohl, wie unterschiedlich die Meinungen über ihn auch sind. Ich bin nur einfach dankbar! Für mich ist er der „Fels in der Brandung".

Ich möchte noch oft erleben, wenn bei uns im Frühling die Natur erwacht, die Erde und die Pflanzen duften, wenn es nach Maiglöckchen, Flieder, Jasmin, der Baumblüte riecht, die gelben Rapsfelder weit über das Land leuchten, das erste Grün der Birken das Auge erfreut.

Immer wieder erleben möchte ich im Sommer die wogenden Kornfelder, durchsetzt mit rotem Klatschmohn und blauen Kornblumen. Immer wieder möchte ich in solch einem Kornfeld liegen, den blauen Sommerhimmel über mir, den lauen Sommerwind im Haar und auf der Haut spüren, dem Wogen der Ähren zuschauen.

Im Herbst zeigt sich die Natur immer von ihrer schönsten Seite. Wunderbar warme Gelb-, Orange-, Rot- und Brauntöne, eine Symphonie der Farben leuchtet in der Herbstsonne mit dem noch immer tiefblauen Himmel um die Wette. Die Natur verabschiedet sich, als wolle sie uns noch einmal sagen: Behaltet mich in bester Erinnerung. Es kommen nun Monate mit weniger Farbe, ich muß mich ausruhen, aber ich komme wieder mit gleicher Pracht, immer wieder neu und doch altbekannt.

Wenn die Natur zur Ruhe kommt, freue ich mich auf die langen, gemütlichen Winterabende, den Kerzenschein besonders in der Weihnachtszeit, die Spaziergänge durch den schlafenden Winterwald, durch mein ruhendes Wiesental, das Glitzern der Schneekristalle in der gleißenden Sonne.

Nach Monaten der Ruhe und der langen, dunklen Abende verlangt mein Körper mit Sehnsucht im Herzen bereits wieder nach dem Frühling. Dann blühen nicht nur mein Herz und meine Seele auf, sondern alles Lebende öffnet sich ganz, streckt sich voll Wonne dem blauen Himmel entgegen. Aus allen Kehlen klingt ein Lobgesang auf soviel Schönheit und Glück. Wer kann sich dem entziehen?

Ich bete, daß ich noch oft diesen Wechsel der Jahreszeiten hier in meiner Heimat erleben darf.

1. Mai

Mir fehlt etwas. Früher gehörte zum 1. Mai die De-
monstration mit der ganzen Familie. Sie war für
mich längst zu etwas Gewohntem geworden, schon
lange kein „Kampftag" mehr. Sie gehörte zu meinem
Leben. Ich hatte meine Freude daran, mit Kerstin,
den Kollegen und ihren Familien in den Frühling
zu laufen. Meistens zeigte die Natur ihr erstes Grün,
schien die Frühlingssonne. Ich kann mich an keinen
verregneten 1. Mai erinnern.

Heute lebe ich diesen Tag in Klosterfelde. Nach
meinem gewohnten langen Spaziergang ist mein
Kopf jetzt frei von Sorge. Das ist auch etwas, das ich
gelernt habe in all den Jahren: Mich stark belasten-
de Gedanken, Sorgen kann ich für bestimmte Zeit
einfach abschalten, als wären sie nicht vorhanden.
Die Begegnungen in der Natur überdecken für die
Zeit des Erlebens die negativen Gedanken. Wenn
ich mich in der Natur bewege, nehme ich gleichzeitig mit allen Sinnen wahr: Ich fühle die Wärme der
Frühlingssonnenstrahlen, sehe das herrliche frische
Grün an Bäumen und Sträuchern, kann das frische,
weiche, grüne Moos anfassen. Die neuen Triebe der
Kiefern und anderen Nadelgehölze fassen sich besonders zart und glatt an, riechen besonders frisch
und würzig. Sie sind noch unbelastet von Staub
und Schmutz. Ich esse das erste Veilchen, weil das

angeblich Gesundheit für das ganze Jahr bringen soll.

Und welche Freude steigt in mir auf, welch Streicheln meiner Seele, wenn ich dem Gesang der Vögel lausche, den man so nur im Frühling hören kann, weil er zur Balz der Männchen gehört. Wenn wir Menschen auch die Laute nicht wie Worte übersetzen können, so verstehen wir doch, was sie uns sagen wollen. Und der Wind im Frühling klingt auch ganz anders als zu den anderen Jahreszeiten. Die frischen Blätter an den Laubbäumen und Sträuchern bewegen sich aufgrund ihrer Zartheit viel sanfter, die Nadelbäume, nun frei von den vertrockneten Nadeln und Ästen, viel beschwingter im Frühlingswind. Es geht ein großes Aufatmen durch die ganze Natur.

In den vielen Jahren danach konnte mich in der dunklen Hölle nichts und niemand erreichen, auch weil ich nicht in der Lage war, die Natur wirklich wahrzunehmen. Mir war etwas verlorengegangen, das eigentlich zu meinem natürlichen Wesen gehört. Nun ist diese Fähigkeit wieder neu erwacht, und ich kann sagen: Es geht mir wieder gut.

15. Mai

Morgens nach dem Erwachen, wenn der Wecker nicht um sechs Uhr geklingelt hat und ich soviel Zeit habe, noch nicht sofort aufstehen muß, schweift der Blick umher, sehe ich, wie „häßlich" doch mein altes Schlafzimmer von 1964 ist. Es kommt mir vor wie eine Altlast, die ich abstreifen muß. Der erste Anblick des Tages sollte erfreuen und nicht deprimieren. Auch und besonders meine angeschlagene Seele mag es schön, aufmunternd und beruhigend zugleich, weich, warm und friedlich, damit sie auch in den eigenen „vier Wänden" schwingen kann. Dann signalisiert sie auch meinem Körper, dem anderen „Ich": Es geht mir gut, und dann streckt sich auch der Körper, atmet durch, fühlt sich gesünder.

Ich überlege, wie ich mit meinen finanziellen Mitteln zuerst diesen Raum renovieren und umgestalten kann. Ich habe keine Ersparnisse. Das, was vom Verdienst übriggeblieben ist, habe ich für den Bungalow, das Grundstück ausgegeben.

Der Versandhandel bietet den Kauf auf Raten. Ich werde diese Möglichkeit nutzen, wälze Kataloge, suche aus, was mir gefällt, und überlege, rechne. Die alten Möbel werde ich bearbeiten (absägen und weiß streichen) und in das neue Mobiliar einfügen, dann wird alles auch erschwinglich für mich.

Nun habe ich wieder eine Aufgabe, ein Ziel. Die Zeit ist ausgefüllt, läßt weniger Raum für trübe Gedanken. Ich freue mich darauf, wenn alles fertig ist. –

2. Juni

Mein Schlafzimmer ist fertig, mein Traum in altrosa und weiß. Ich habe ein Stück neue Lebensqualität gewonnen. Jeder Tag beginnt nun nach dem Erwachen mit einer Freude, einem Genuß. Die Seele kann schwingen. Nach und nach werde ich auch das Wohnzimmer renovieren, mir neue Möbel kaufen. Es ist nur eine Frage des Geldes.

Getrübt wird dieses neue Empfinden durch die Gewißheit: Ich bin arbeitslos ab 1. Juli und nach Aussage des Arbeitsamtes aufgrund meiner Qualifikation schwer vermittelbar. Nun, wenigstens weiß ich jetzt, woran ich bin. Mit der Akademie geht es nicht weiter. Wo soll ich mich bewerben? Die Stellen in unseren Kindergärten werden auch abgebaut, also keine Neueinstellungen. Ich werde sehen.

Nicht so schnell aufgeben, würde meine Kerstin sagen. Erst einmal lebe ich die Zeit ohne Arbeitsdruck. Auch ein neues Gefühl nach so vielen Jahren Vollzeitbeschäftigung in Beruf und Familie. Ich werde mich umsehen. Es wird schon weitergehen, irgendwie!

24. August

Ich lebe den Sommer in Klosterfelde und kämpfe dabei um den Erhalt meiner so mühsam errungenen neuen Lebensqualität. Das „Lied an den Mond" von Antonin Dvorak erfüllt den Raum mit schöner klassischer Musik, während ich meine Gedanken und Empfindungen wieder einmal meinem Tagebuch anvertraue.

Er fehlt mir sehr. Ich wollte nicht glauben, daß es so tief sitzt. Auch der Abschied von ihm ist nun doch ein längerer Weg. Aber auch hier gilt: Was mich nicht zerstört, macht mich stark.

Ich arbeite auf dem Grundstück, laufe fast jeden Tag, oft viele Kilometer, stundenlang durch Wald und Flur. Ich fordere meinen Körper bis zur Erschöpfung. Ich will frei werden von der Sorge um meine Zukunft, von dieser Sehnsucht nach ihm und auch nach ihr, denn sie ist wieder allgegenwärtig.

Ich bin dabei, die Natur und damit unsere Welt immer wieder neu und anders zu entdecken, weil mir das so guttut und mich wunderbar ablenkt. Müde vom Laufen, lehnte ich mich heute an den Stamm einer dicken Kiefer, atmete bei geschlossenen Augen tief durch und hatte plötzlich ein Gefühl, als ob starke Arme mich umschlangen, festhielten, sanft an sich zogen. Ich spürte das Leben in diesem Baum, die Säfte, die ihn durchströmten. Wir waren eins. Ich stand mit beiden Beinen fest auf dem Boden und hatte doch das Gefühl, frei und leicht zu sein, zu schweben.

Ich genoß den Augenblick in seiner Tiefe und Reinheit. Die Schmerzen im Rücken und die Müdigkeit waren wie weggeblasen. Ich öffnete die Augen, schaute hinauf in die Baumkrone, sah, wie sich Zweige ganz leicht im Wind bewegten, hörte ein kaum wahrnehmbares Rauschen, als ob der Baum mir etwas sagen wollte. Ich hatte ihn schon längst verstanden. Mach es dir nicht so schwer. Leben ist etwas Wunderbares. Lebe!

In diesem Moment zog ein Bussard hoch oben am blauen Himmel mit weit geöffneten Schwingen seine Kreise, ruhig, majestätisch. Dieser Frieden war durch nichts zu überbieten. Ich spürte ihn dankbar auch in mir.

Es fiel mir schwer, mich von diesem Baum wieder zu lösen. Ich drehte mich um und umschlang den Stamm nun mit beiden Armen, drückte ihn fest und dankbar an mich. Er gab mir Halt und Kraft, neuen Lebensmut. Während ich das tat, habe ich die Hand meiner Tochter für immer losgelassen, damit ihre Seele nun endlich frei schwingen kann. Mir war bewußt geworden, daß ich sie die ganze Zeit verkrampft festgehalten hatte, um sie nicht ganz zu verlieren. Jetzt gebe ich mich mit ihrer seelischen Nähe zufrieden. Heute ist ihre Seele mit meiner verschmolzen. Die Vorstellung, daß sie nun im Sommerwind zusammen schwingen, erzeugte eine großartige, wunderschöne Melodie in meinem Kopf. Mir war, als ob Kerstins Seele meine liebevoll umfängt, sie zärtlich streichelt und beide engumschlungen, umwoben von dieser Melodie, schwebten über Raum und Zeit, über den alltäglichen Dingen des Lebens. Nun ist sie wirklich immer bei mir. So wie ich sie einmal neun Monate in mir getragen habe, so ist jetzt ihre Seele in mir. Ich fühle wirklich zwei Seelen in meiner Brust. Sie ist nicht wirklich körperlich existent und mir doch so nah.

Wenn die Seele so schwingen kann, haben Sorgen und Kummer keine Chance, den Geist und den Körper zu beherrschen. Mein lieber Spatz, so hilfst du mir noch über deinen Tod hinaus, wieder aufzuschauen, frei zu atmen, in Würde und Freude am Leben weiterzuleben. Du wirst hier auf Erden noch immer über alles geliebt.

29. Oktober

Ich kann keine Arbeit finden. Jeder Gang zum Arbeitsamt ist so erniedrigend, sich anbiedern, um Arbeit bitten, das hat nichts mehr mit menschlicher Würde zu tun. Wer das gelassen hinnehmen kann, muß schon sehr abgebrüht sein. Ich bin es nicht! Mit meinen 49 Jahren habe ich kaum Hoffnung auf eine Vermittlung oder eine sinnvolle Umschulung mit berechtigter Aussicht auf eine neue Arbeitsstelle. Wo vorher ein sinnvolles Arbeitsleben war, bleiben mir nur Leere, Hoffnungslosigkeit und noch viele Jahre bis zur Rente.

Ich habe begriffen, daß das, was ich bisher getan habe, nun nicht mehr gebraucht wird, daß keine Hilfe von der Gesellschaft zu erwarten ist, daß ich mein weiteres Leben selbst in die Hand nehmen muß. Nur neue Ziele und Hoffnungen können mir helfen, wieder nach vorn zu schauen. Ich muß herausfinden, was ich außerdem und vielleicht sogar besser kann. Obwohl ich schon seit meiner Schulzeit weiß, daß meine besonderen Fähigkeiten auf musikalisch-künstlerischem Gebiet (singen, musizieren, rezitieren, malen, zeichnen) liegen, blieb bisher immer nur der Wunsch und der Selbsttröster auf das Rentenalter, um alldem verstärkt nachgehen zu können.

Vielleicht ist das jetzt eine Chance? Nur, wo anfangen? Wo anknüpfen?

Bei all den trüben Gedanken ist es gut, daß mich der Herbst mit all seiner Farbenpracht wieder einfängt. Die Herbsttöne der Bäume und Sträucher vermischen sich mit den leuchtenden kräftigen Farben der noch blühenden Dahlien, Herbstastern, der weißen, roten und rosafarbenen Heide. Ich nehme das entweder gewollt einzeln war oder in seiner Gesamtheit, als Landschaft. Dann verschwimmen einzelne Töne und Farben ineinander zu dieser wunderschönen Symphonie der Farben. Jede Pflanze, jedes bunte Blatt ist eine Kostbarkeit des Augenblicks, vergänglich, unwiederbringlich. Während meiner Ausbildung zur Kindergärtnerin und später mit meiner Kerstin haben wir diese Schönheiten gesammelt und in Herbarien getrocknet, um uns noch länger an ihnen zu erfreuen. Das war mir, wie so vieles, in den Jahren verlorengegangen. Ich habe heute nicht widerstehen können und einige Pflanzen mitgenommen, um sie wieder zu trocknen und Glückwunschkarten daraus zu machen.

„Die ganze Natur ist Harmonie, und wir sind geschaffen, mit ihr zu harmonieren", hat der schwedische Zoologe Bengt Berg so treffend ausgedrückt. Aber man muß sie zuerst erkennen, um so empfinden zu können. Mir tut diese Harmonie unwahrscheinlich gut, und ich möchte immer so mit der Natur harmonieren.

Wenn ich ein normales Alter erreiche, dann darf ich das vielleicht insgesamt 85mal in meinem Leben erleben. Die Zahl ist schnell heruntergezählt. Das ist nicht genug, um sich an alldem wirklich satt zu sehen, vor allem auch deshalb nicht, weil ich bisher so viele Jahre dafür verschenkt habe. Deshalb nehme ich mir jetzt die Zeit, schaue bewußt hin, lasse das

Schöne in mein Herz, in meine Seele. Und all das kostet mich nichts, keinen Pfennig. Ich muß nicht viel Geld haben, um glücklich zu sein. Ich fühle mich ausgezeichnet, wenn der Mond scheint, und bin mit der Sonne im Bunde. Ich liebe es, wenn der Wind mit meinen Haaren spielt, in seiner Sanftheit meine Haut und damit auch meine Seele streichelt.

3. November

Es ist Kerstins Todestag. Aber das Geschehen von damals beschäftigt mich heute nur nebenbei. Ich habe heute einen neuen Weg begonnen, mich an der Axel-Andersson-Akademie, in Hamburg, „Schule des Schreibens", zum Lehrgang „Belletristik" (Fernstudium) eintragen lassen. Meine erste wirkliche Verbindung in die alten Bundesländer. Ich habe mich dazu entschlossen, obwohl ich jede Mark zweimal umdrehen muß. Die Kosten habe ich gerade noch verfügbar, wenn ich alle ständigen Ausgaben abziehe. Aber gerade diese Entbehrung macht mir meine Entscheidung um so bedeutungsvoller. Ich will herausfinden, ob die schriftstellerische Tätigkeit eine neue Chance für mich sein kann. Wer nicht wagt, der gewinnt auch nicht! Wichtig ist auch: Ich werde etwas tun können, das mir Freude macht und mich von trüben Gedanken ablenkt.

28. März 1992

Die Monate seit November waren sehr interessant für mich. Es gibt viel zu lernen. Besonders der Kontakt zu meiner Studienleiterin in Hamburg bedeutet mir sehr viel. Ich freue mich auf jedes Schreiben von ihr. Ich kann mich gut mit ihr austauschen. So unterschiedlich ist unsere deutsche Sprache also doch nicht.

Es macht mir Freude, mir im Rahmen der Studienaufgaben kleine Geschichten auszudenken und niederzuschreiben. Das lenkt mich davon ab, daß ich noch keine bezahlte Arbeit gefunden habe, gibt meinem Leben einen sinnvollen Inhalt.

Ich habe heute in der Zeitung eine Anzeige gefunden: Gesucht wird eine Betreuung für zwei Vorschulkinder für die Osterferien am Gardasee. Der Impuls, mich zu melden, ließ mich den ganzen Tag nicht los. Zum einen reizte mich der Gedanke, wieder einmal mit Kindern zusammenzusein, zum anderen auch der, für eine gewisse Zeit meinem Alltag zu entrinnen.

Ganz zu schweigen davon, daß der Gardasee und damit Italien ein Traumurlaubsziel von mir ist, seit uns das Reisen auch in dieses Land nach der Wende möglich wurde. Nur konnte ich es mir bisher nicht leisten. Ich habe aber auch abgewogen: Es wäre der erste Schritt nach Westberlin, in eine mir noch immer fremde Welt!? Aber von unserer Seite kommt zur Zeit keine Hilfe, kein Angebot. Wir wirken flügellahm, wie gestutzt, verharren irgendwie alle in einer „Warteschleife". Da ist niemand mehr, der für uns denkt.

Ich hörte auf die innere Stimme und rief an. Ich soll morgen zum Vorstellungsgespräch kommen. Nun ist es entschieden: Ich laufe wieder einmal los.

29. März

Heute ist Kerstins Geburtstag, ein Sonntag, und heute begann ein neuer Abschnitt in meinem Leben. Ich fühle: Es beginnt etwas Neues. Seltsam, daß dies gerade mit Kerstins Geburtstag zusammenfällt! Ich höre sie sagen: Versuche es einfach, Mutti. Du hast doch nichts zu verlieren, nur zu gewinnen!

Das Wetter war heute apriltypisch. Auf meiner Fahrt nach Westberlin wechselten Sonne und Schneegestöber miteinander ab. Fast typisch auch für mein momentanes Leben.

Der Tag war ein Erfolg! Es war Sympathie auf den ersten Blick. Nichts war von antiautoritärer Erziehung zu spüren. Die Kinder werden liebevoll erzogen, kennen aber auch ihre Grenzen. Das gefiel mir und beruhigte mich zugleich. Sie sind nicht anders als bei uns. Es konnte ja auch nicht anders sein. Wir

Deutschen haben die gleiche Kultur und damit auch nur einen Friedrich Fröbel mit seinem, unserem Kindergarten. Beide Kinder, ein Junge und ein Mädchen, habe ich gleich in mein Herz geschlossen. Sie hatten auch keine Probleme mit mir, waren anhänglich, aufgeschlossen. Auch die Eltern sind sehr sympathisch, besonders die junge Frau. Ich freue mich auf die Zeit mit ihnen, werde wieder gebraucht, wenn auch nur für ein paar Wochen oder vielleicht Monate.

Ich werde also in den Osterferien mit ihnen an den Gardasee fahren. Jetzt gibt es kein Zurück mehr. Ich habe wieder etwas, worauf ich mich freuen kann.

Italien! Alte, in meiner Jugend geträumte Sehnsüchte, inspiriert durch Filme mit Gina Lollobrigida und Sophia Loren, tauchen aus meinen Erinnerungen auf, werden wieder aktuell.

Italien! Das klingt in meiner Vorstellung wie: Sonne, Sommer, laue, duftgetränkte Luft, Blütenpracht, Cabrio, Lago Maggiore, Lago di Garda, freundliche, lebenslustige Menschen, Gondoliere auf dem Canale Grande in Venedig, wie: „Wenn bei Capri die rote Sonne im Meer versinkt …", eben wie Sehnsucht nach etwas unverwechselbar Einmaligem, Schönem.

Dieser Traum wird nun Wirklichkeit! Ich spüre, wie mir die Tränen in die Augen steigen, vor Freude, vor Rührung, vor Dankbarkeit.

1. Mai

Erst heute finde ich Zeit, meine Erlebnisse und Eindrücke meinem Tagebuch anzuvertrauen. Die Tage in Italien waren so erfüllt, ständig für die Kinder dazusein, es blieb keine Zeit zum Schreiben, aber genügend Zeit, Eindrücke zu sammeln, mit den Kindern Ungeahntes zu erleben. Es ist noch viel schöner, als ich es mir je vorstellen konnte! Goethe schrieb: „Ein köstliches Schauspiel, der Gardasee, den wollt' ich nicht versäumen und bin herrlich für meinen Umweg belohnt." Dem ist nichts hinzuzufügen.

Goethe mußte sich im September 1786 noch von Torbole mit dem Boot über den See rudern lassen, um nach Malcesine zu gelangen. Wir kamen mit dem Auto. Schon hinter dem Brenner traf uns das gleißende Sonnenlicht, die warme Frühlingsluft wie ein gewaltiger Lebenshauch. Mein ganzer Organismus brauchte Minuten, ehe er diese Wucht verkraften konnte. Die Wärme öffnete die Adern in meinem Körper, ließ das Blut schneller und leichter fließen. Erst dann erreichte mich die Wollust der Gefühle ganz.

Die Fahrt nach Malcesine am Ostufer des Sees entlang, mit dem Wechsel von Tunneln und Durchblicken zum See, von schroffer Dunkelheit und grellem Licht, von warmer und kühler Luft, war atemberaubend! Ich war gespannt auf jeden neuen

Durchblick, fast schon süchtig danach. Das Auge konnte sich nicht satt sehen, wurde nicht müde zu schauen.

Wir hatten vom Haus am Hang einen herrlichen, genußvollen Blick über den Gardasee, sowohl in Richtung Norden, wo der See eingebettet wird von den Ausläufern der Alpen, als auch nach Süden, dorthin, wo die Alpen hügelig auslaufen und der See am Ende mit dem Himmel zu verschmelzen scheint. Wunderbar, einzigartig auch der Blick auf die gegenüberliegenden Berghänge des Westufers mit der „Gardesana", der von Arkaden durchbrochenen Uferstraße, die wir später auch bei einer Fahrt mit dem Auto erleben durften. Über und hinter uns, nach Osten, der mächtigste Hausberg Malcesines, der Monte Baldo (2218 Meter).

Ich konnte nicht anders, ich habe mich sofort unsterblich in diesen Ort verliebt. Er wird mich nicht wieder loslassen, solange ich lebe. Malcesine und der Gardasee sind zum Kleinod meiner Seele geworden.

Ich war mit den Kindern viel unterwegs. Schon in der Frische am Morgen, wenn wir fast nur Einheimischen begegneten, die den Tag ruhig angingen, die unterwegs waren, um die Gäste am Tag wieder zufriedenzustellen, und am Abend, wenn wir müde vom langen Tag nach Hause gingen, die meisten Urlauber längst in ihren Hotels verschwunden waren, der See zur Ruhe gekommen war und die sanften weichen Wellen an den leeren Strand plätscherten, leise ein Schlaflied singend.

Ich mochte diese einfachen Menschen, die Pizzabäcker, die Fischer, die Weinbauern. Sie wirkten so ruhig, so fern jeder Hektik, wie aus einer anderen Zeit. Wir hatten immer Lust auf eine kleine Plauderei, auf ein paar nette Worte. Bewundernswert, wie sie den Touristentrubel scheinbar unbelastet überstanden haben. Sie tragen das unberührte Italien noch in sich. Kein Wunder, denn es gibt hier auch noch viele Orte und Gegenden, die selten von Touristen besucht werden, und Zeiten, an denen es hier vorwiegend still und friedlich ist.

Wenn man sucht, dann findet jeder, was er sich wünscht. Dieser See hat so viele Zwischentöne. Ich habe versucht, sie mit den Kindern gemeinsam zu finden. Wir haben viel entdeckt.

Diese Gegend, das Klima hier in Italien hat die Menschen geprägt. Ihre Lebensart war mir anfangs fremd. Bald jedoch faszinierte sie mich immer mehr. Auch die kleinen Kinder sind bis tief in die Nacht noch auf, laufen voller Lebenslust, von allen geliebt, laut lachend,oft auch schreiend und spielend durch die Nacht. Für uns ist das kaum vorstellbar. In Italien wird die Nacht zum Tag gemacht. Das ist für mich südliches Leben. Ich durfte etwas davon kosten.

Unser Spaziergang führte uns fast jeden Tag an der Uferstraße und Uferpromenade entlang, vorbei an den in voller Blüte stehenden Magnolienbäumen, Bougainvilleen. Die Luft war tatsächlich von Blütenduft schwer, berauschend. Um eine geöffnete Magnolienblüte zu umfassen, brauchte man beide weit geöffnete Hände. Sie haben einen Durchmesser von ca. 20 Zentimetern. Die warme Sonne beglückt die Pflanzenwelt mit einer Vielfalt und einem Duft, der so intensiv, für uns unvergleichlich ist. Alle wunderbaren Erlebnisse mit den Kindern aufzuschreiben, würde dieses Tagebuch sprengen.

Immer wieder haben wir fasziniert beobachtet, wie die Sonne von Osten über den Bergen aufstieg, ihre Strahlen den See und die gegenüberliegenden Berghänge erreichten und überfluteten. Es entstand eine ganz wunderbare, einzigartige Stimmung, ein unglaubliches Licht. Die Berge waren im Wasserdunst nur schemenhaft wahrzunehmen. Das obere Ende des Sees im Norden war nur zu erahnen. Wasser, Berge, Himmel schienen eins zu sein, alles hatte die Farbe des Himmels angenommen: Ein milchig gedämpftes, von der Sonne umspieltes Blau. Nur die Scaligerfestung, die kleinen Häuser, die Zypressen und die schaukelnden Fischerboote im kleinen alten Hafen von Malcesine lagen bereits lichtdurchflutet leuchtend vor uns. Es war alles noch so ruhig, so

friedlich, so wunderschön! Dieses glitzernde, gleißende Blau, diese faszinierenden Wasserspiele! Es
war, als ob die Sonnenstrahlen den See küßten, mit
der Wasseroberfläche spielten. Ich wollte das Auge
nicht abwenden, mußte es aber, weil es sonst das
Sehvermögen gesprengt hätte.

Alle erzählten und sprachen von „Vento" und
„Ora". Wir wollten es genau wissen: Die Ora ist ein
thermischer Wind aus dem Süden. Er weht nur dann
immer ab dem frühen Nachmittag, wenn sich die
Luft im Gebirgskessel hinter Torbole unter der sen-
genden Sonne erhitzt hat, aufgestiegen ist und dann
weitere Luftmassen mit hoher Geschwindigkeit aus
der Poebene im Süden des Sees angesaugt hat, um
das entstandene Vakuum zu füllen. Er weht also nur
bei schönem Wetter und dann gewaltig. Es gibt aber
auch noch andere Winde, einer davon ist der Vento.
Sie alle haben den Gardasee zum Paradies für Surfer
gemacht. Es war faszinierend, den lebenslustigen to-
benden Surfern auf den glitzernden Wellen zwischen
Torbole und Riva bis zu uns nach Malcesine zuzu-
schauen. Die bunten Segel leuchteten in der Sonne
wie ein riesiger Schwarm bunter, über das Wasser
gleitender Schmetterlinge, die gerade dabei waren,
sich mit angeklappten Flügeln, die Gischt aufwir-
belnd, auf dem See niederzulassen. Die Körper der
Surfer bildeten die Körper der Schmetterlinge. Man

brauchte nicht viel Phantasie. Dieser Eindruck, dieser Vergleich drängte sich mir förmlich auf. Die Menschen in Einheit mit der Natur!

Lago di Garda – du mein Wirklichkeit gewordener heimlicher Traum!

Wir werden in den Sommerferien wiederkommen. –

3. Mai

Auch hier bei uns ist der Frühling nun endlich angekommen. Es grünt und blüht, vertraut, anders als in Italien, aber nicht weniger beglückend.

„Die linden Lüfte sind erwacht,
sie säuseln und weben Tag und Nacht.
Sie schaffen an allen Enden.
Oh süßer Duft, o neuer Klang!
Nun, armes Herze, sei nicht bang!
Nun muß sich alles, alles wenden.
Die Welt wird schöner mit jedem Tag,
man weiß nicht, was noch werden mag.
Das Blühen will nicht enden.
Es blüht das fernste, tiefste Tal.
Nun, armes Herz, vergiß die Qual!
Nun muß sich alles, alles wenden.“

Wie im „Frühlingsglaube" von Ludwig Uhland ist auch bei uns wieder dieses einmalige Leuchten in der Natur. Die frischen grünen Triebe, das glänzende Birkengrün, die blühenden Forsythien, denen man überall begegnet, ihr leuchtendes Gelb im Farbspiel mit dem strahlenden Blau des Frühlingshimmels, alles vom leise säuselnden Frühlingswind in Bewegung gesetzt. Ich fühle mich ständig wie auf Wolken gehoben. Das ist vertraute Heimat! Während ich diese Zeilen schreibe, ist die Bungalowtür weit geöffnet. Die laue Frühlingsluft hat sich längst mit der Luft hier im Raum vermischt, hat eine Verbindung geschaffen zwischen drinnen und draußen. Es riecht nach dem ersten Flieder, nach Maiglöckchen, Hyazinthen, Vergißmeinnicht, Krokussen, Primeln. Alles ist zu einem einmaligen Geruch verschmolzen. Ein Maiglöckchen, der Flieder, sie riechen immer gleich, haben diesen unverwechselbaren Duft, den ich nicht aus der Nase bekomme. Aber dieses Duftgemisch ist einmalig. Der letzte abendliche Gesang der Amsel vor der Tür vermischt sich mit den Tönen des „Frühlingsstimmen-Walzers" von Johann Strauß, die durch den Raum perlen, mich umgeben wie ein sanfter Hauch. Mir scheint, als würden sich die Vögel, angelockt durch diese Klänge, mit ihrem Gesang melodisch einfügen in diese Musik.

Die Erlebnisse meines heutigen Spazierganges

durch mein Wiesental klingen noch in mir nach: die ersten Wiesenblumen, die sich mit ihren zarten Farben den warmen Sonnenstrahlen entgegenstrecken, der warme Hauch der Wiese in den Mittagsstunden, der an meinem Körper hochstreicht, das kühle Streicheln des sanften Windes in meinem Gesicht. Ich stelle mir die Natur im Zeitraffer vor: Ein Knospenknall – ein Ventil, das sich öffnet, alles explodiert, die Säfte der Pflanzen streben nach außen, die Blätter und Blüten öffnen sich. –Es wird soviel Leben, soviel Kraft frei. Alles schwebt in winzigen leuchtenden Tröpfchen durch die laue, sonnendurchflutete Luft, erfüllt diese ganz, ist im Übermaß, in einer solchen Menge vorhanden, daß auch wir Menschen noch genug davon abbekommen, es einatmen können, neue Kraft in uns strömt.

Ich faltete die Hände und dankte Gott, daß ich das erleben durfte. Es geht mir so gut! Wie wunderbar und immer wieder neu ist doch dieses Leben! Für mich ist jeder Tag ein kleines neues Leben, das ich wieder erleben darf. Wie lange, das weiß ich nicht, aber ich genieße jeden Tag, bin gespannt, was mir jeder neue Tag bringen wird. Es ist immer etwas Einzigartiges dabei.

Die Tage mit den Kindern am Gardasee, der Umgang mit ihnen, die gemeinsamen Erlebnisse erinnerten mich immer wieder und sehr stark an die unbeschwerte, glückliche Zeit mit meiner Kerstin, als sie noch so klein war. Besonders die Naturbeobachtungen haben wir immer sehr intensiv gelebt. Seit sie es verstehen konnte, sind wir zusammen auf Entdeckung gegangen, haben mit der Natur experimentiert. So haben wir zum Beispiel gemeinsam die Entwicklung der Raupe zum Schmetterling erlebt und uns unwiederbringliche Erlebnisse geschaffen. Wir versuchten, immer direkt dabei, immer mittendrin zu sein. So war es für mich nicht verwunderlich, als sie eines Tages vom Spielen an der Elbe nach Hause kam, die Kleidung und die Haare voller Kletten, die sich an ihr festgekrallt hatten. Diese zu entfernen, war ein einziges Desaster. Mir standen die Tränen in den Augen, weil ich sie so quälen mußte, sie hat tapfer durchgehalten.

Die Liebe zur Natur muß ich ihr in die Wiege gelegt haben. Ich habe selbst als Kind gern mit allem gespielt, was mir die Natur, Garten, Wald und Wiese boten. Mein liebstes Spielzeug waren kleine Zweige, Stöckchen, Eicheln, Kastanien, Bucheckern, Hagebutten, Moos, Sand und Wasser. Meine Eltern hatten nach dem Krieg kein Geld, um Spielzeug zu kaufen. Eine von meiner Mutter selbstgemachte, von mir heiß geliebte Puppe begleitete mich durch meine Kindheit. Ich habe nichts verpaßt, nichts vermißt und letztlich doch alles gehabt, was ich zu einer glücklichen Kindheit brauchte.

Später, während der Ausbildung zur Kindergärtnerin, hat mir unser Biologielehrer geholfen, die kleinen und großen „Geheimnisse" der natürlichen Umwelt bewußt zu entdecken, zu verstehen, und dies vorwiegend in der Natur selbst, nicht nur aus dem Schulbuch und von der Schulbank aus. Ich bin ihm noch heute dankbar für diese für mich so bedeutende Zeit. Heute weiß ich erst: Er hat mir schon damals geholfen, diese schwerste Zeit meines Lebens durchzustehen, neue Lebenskraft und Freude zu finden. Die Natur war bewußt und unbewußt schon immer ein Lebensquell für mich, aber wie sehr ich sie wirklich einmal brauchen würde, hätte ich nie geahnt.

4. September

Mein Geburtstag. Heute nehme ich mir wieder einmal Zeit für eine „Plauderei" mit meinem Tagebuch. Es waren sehr schöne Wochen, ein sehr schöner Sommer, den ich in Italien und hier zu Hause erleben durfte. Man spricht bereits von einem Jahrhundertsommer.

Mit Italien ist einer meiner Träume in Erfüllung gegangen. Ich weiß, nicht alle meine Träume gehen in Erfüllung. Aber sie tun so gut. Sie trotzdem zu träumen, ist ein bißchen so, als hätte ich sie wirklich gelebt. Wer keine Träume hat, hat auch keine Chance, daß sich doch einmal einer seiner Träume erfüllt, habe ich irgendwo einmal gelesen. Ich lasse meine Träume wieder zu, ja, lebe sie ganz intensiv. Sie dringen tief in meine Seele. Warum haben wir Menschen die Gabe zu träumen, wenn wir sie nicht benutzen? So wie die Gedanken frei sind, so sind wir auch frei zu träumen, von einer heilen Welt, von Frieden, Liebe und Glück. Vielleicht wurden wir auch so geschaffen, um in einer manchmal brutalen, traurigen Welt bestehen zu können?! Ohne meine Träume hätte ich vielleicht nicht überlebt. Ein Leben ohne Träume ist für mich nicht mehr vorstellbar, nur halb so lebenswert. Mich beflügeln sie, geben mir Kraft, mein Leben schöner und besser zu leben. Ja, ich tauche immer öfter ein in die Welt meiner Träume, besonders abends vor dem Einschlafen. Dann nehme ich meine Tagträume mit in die Nacht. Oft vereinen sie sich zu guten Träumen im Schlaf, an die ich mich am Morgen nach dem Erwachen gern erinnere. Diese Träume befassen sich nun mit meinem konkreten Leben, ohne mein Kind, und damit meistens auch ohne sie. Ich bin endgültig zu mir zurückgekehrt, lebe mein Leben.

Heute nacht habe ich tatsächlich geträumt, wie ich ganz allein in einem wunderschönen großen Saal Walzer getanzt habe. Dieser Traum lebt seit meiner frühen Jugend in mir. Für die Tanzstunde hatten meine Eltern kein Geld, aber ich konnte trotzdem tanzen, besonders den Wiener Walzer. Ich träume immer wieder davon, in einem herrlichen großen Saal, in einem wunderschönen langen Abendkleid, mit einem mir nahestehenden Mann auf dem Parkett einen Walzer zu tanzen. In Gedanken erlebe ich das oft. Und jedesmal habe ich dabei ein wunderbar leichtes, fast schwereloses Gefühl. Wenn ich heute weiterträume, dann könnte ich mir gut vorstellen, diesen Walzer mit Peter Alexander zu tanzen. Er ist für mich ein wirklicher Traummann, ein einzigartiger Sänger und Tänzer, ganz ohne Starallüren und Affären. Bewundernswert! Ein großartiger Künstler und Mensch. Was für ein Traum! Er gehört sicher zu denen, die nicht in Erfüllung gehen werden, aber das hindert mich nicht daran, ihn trotzdem zu träumen.

Seit der Wende tun sich neue Weiten auf, in meinem Denken und damit auch in meinen Träumen. Ich denke oft, mit viel Liebe in meinem Herzen, an die Zeit, wo ich mit Kerstin zusammen die ersten Tanzversuche gemacht habe, an den Spaß, den wir dabei hatten, und das gemeinsame Erfolgserlebnis, als sie es dann endlich konnte. Es ist nicht schwer. Man muß nur die Musik in seinen Körper lassen, ein wenig Musikalität natürlich vorausgesetzt. Oft tanze ich nach schöner Musik einfach allein, stelle mir dabei oft vor, sie in den Armen zu halten, mit ihr zu lachen, zu schweben. Dann sind die Gefühle für sie von einer solchen Seelentiefe, durchdrungen von einer Intensität, die mich unendlich glücklich macht.

Ich lebe heute meinen Geburtstag wie so oft allein und bin trotzdem glücklich, glücklich mit mir selbst. –

5. September

Gestern habe ich meinem Tagebuch meine Träume anvertraut. Heute habe ich wieder „festen Boden unter den Füßen".

Ich bin sehr froh: Ich habe seit 1. September wieder eine feste Arbeit in der Hausverwaltung der Eltern meiner „Gardaseekinder". Endlich nicht mehr auf das Arbeitsamt angewiesen sein! Endlich wieder selbst Geld verdienen! Auch diese Last ist von mir genommen. Und der Gardasee bleibt mir nun auch noch eine Weile erhalten, so lange, bis die Kinder in die Schule kommen.

Häuser verwalten, eine Arbeit, die wirklich nichts mit dem zu tun hat, was ich vorher gemacht habe, die wieder keinesfalls mein Traumjob ist. Es geht aber nicht nach dem, was ich mir wünsche, sondern danach, was möglich ist. Ich werde lernen, was ich lernen muß!

Ich fahre jetzt fast täglich nach Westberlin zur Arbeit. Die Einheit hat sich für mich nun endgültig vollzogen.

Klosterfelde bleibt mir wieder nur an den Wochenenden. Freitag abend rausfahren und am Sonntag abend wieder zurück. Aber ich habe den schönen Sommer noch voll ausgekostet. Diese unwiederbringlich schönen Momente des Erlebens kann mir niemand nehmen. Wenn der Wald nach Harz duftete und die in diesem Jahr so oft und lange scheinende Sonne die Harztropfen wie Glasperlen durch die Äste der alten Kiefern auf die Terrasse tropfen ließ, wenn die putzigen Eichhörnchen ihr munteres, flinkes Spiel trieben, die Baumstämme hoch- und wieder herunterflitzten oder voller Schwung lebenslustig von Ast zu Ast sprangen, und wenn ab und zu ein Vogelruf die Stille schmückte, alles so friedlich im Sonnenlicht dalag, dann wurde mein Herz jedesmal weit, empfand ich tiefen Genuß, große Dankbarkeit.

Unvergeßlich auch die Abende und Nächte am Lagerfeuer auf der Terrasse, die schöne Zeit zwischen Dämmerung und Nacht, wenn das Lagerfeuer längst erloschen war, die Sterne in der lauen Sommernacht zwischen den Baumkronen aufleuchteten, sauber, klar, funkelnd, und der Mond langsam hinter den Bäumen auftauchte, am Nachthimmel immer höher seine Bahn zog, immer längere Schatten auf den Waldboden warf, die Lichtungen mit sanftem Licht überflutete, leise die „Mondscheinserenade" oder mein geliebtes Violinkonzert von Max Bruch erklang, dann war mein Glücksempfinden nicht zu überbieten, dann ruhte meine Seele, vereint mit Kerstins Seele in mir, dann war ich eins mit mir und meiner Umwelt, empfand ich nichts als sehnsuchtsvollen inneren Frieden, wie es Joseph von Eichendorff in seinen Versen viel besser als ich zum Ausdruck gebracht hat:

„Die Luft ging durch die Felder,
die Ähren wogten sacht,
es rauschten leis die Wälder,
so sternklar war die Nacht.
Und meine Seele spannte
weit ihre Flügel aus,
flog durch die stillen Lande,
als flöge sie nach Haus."

Meine Seele ist wieder gesund. Trotz der langen Trauer ist sie unverändert jung geblieben.

6. Oktober 1994

Das Leben hat mich in seinen Sog genommen, mich einfach mitgerissen in den Monaten und Jahren seit den letzten Tagebuchaufzeichnungen.

Im Januar 1993 war mein Mann aus unserer Wohnung ausgezogen, heute wurden wir, besser wurde unsere Ehe geschieden. Es ging sehr schnell. Nach fünf Minuten war alles erledigt. Wir hatten nur einen Anwalt, haben uns über die materiellen Dinge selbst geeinigt und werden die Kosten für die Scheidung zu gleichen Teilen tragen. Den Bungalow und die Bepflanzung in Klosterfelde haben wir schätzen lassen. Ich zahle ihn mit Hilfe eines Kredites von meiner Bank aus. Ich bin dankbar, daß mir Klosterfelde erhaltenbleibt.

Mit einem Handschlag verabschiedeten wir uns, es gab nicht viel zu reden, setzten wir den Abschluß unter unsere gemeinsamen Jahre. Es blieb so aber auch die Möglichkeit zu einem erneuten Handschlag, sollten wir uns vielleicht irgendwann zufällig begegnen. Alles ist gut so. Es ist vorbei! Wie ich sehen konnte, geht es ihm gut. Ich muß mir keine Vorwürfe und Gedanken mehr machen! Er hat eine neue Partnerin gefunden.

Wer die Ehe beendet, hat es leichter. Ich konnte mich seit Jahren mit dem Gedanken abfinden, daß es nicht für ein ganzes Leben gereicht hat. Für ihn kam es wie ein Donner aus heiterem Himmel. Jeder braucht Zeit, zu begreifen. Ich hätte viel eher darüber reden müssen, um auch ihn nicht unnötig zu verletzen, auch ihm Zeit zu lassen, zu begreifen. Aber ich blieb stumm, dachte, er müßte es doch selbst merken. Ideal ist es, wenn beide den Schlußstrich unter eine Bindung ziehen, die nichts mehr zu geben hat. Ich bin froh, daß es zu keinen bösen Schuldzuweisungen gekommen ist. So blieb uns das Waschen von „schmutziger Wäsche", das Hochspielen der kleinen Schwächen des anderen, die man immer geduldet hat, die dann aber zu großen Gegensätzen und Problemen hochgeschaukelt werden, erspart. Alles Glück dieser Welt für dich und danke für die gemeinsame gute und oft auch schöne Zeit und für den unspektakulären Abschied!

Wir konnten beide nichts dafür, daß wir nicht auf Dauer füreinander bestimmt waren. Wir sind viele Jahre zusammen gegangen, haben unser möglichstes getan, etwas aus dieser Zeit zu machen. Wir haben gemeinsam den Alltag gemeistert, schöne Urlaube an der Ostsee gemeinsam mit Kerstin verbracht, unsere Idylle in Klosterfelde gemeinsam geschaffen. Es waren keine verlorenen Jahre. Wir haben sie gelebt. Gegenseitige Achtung hat unser Leben bestimmt, so wie nun auch der Schlußstrich in würdiger Weise gezogen wurde.

2. Januar 1997

Die Jahre sind so schnell vergangen. Ich habe sie gelebt. Leider habe ich schon sehr bald nach Beginn der Arbeit in der Hausverwaltung das Fernstudium in Hamburg abbrechen müssen, weil mir dafür keine Zeit mehr blieb.

Nun beginnt wieder ein neuer Lebensabschnitt für mich. Seit 1. Januar bin ich selbständig. Die Hausverwaltung meines Arbeitgebers mußte im Dezember Konkurs anmelden. Einige Eigentümer fragten mich, ob ich ihre Häuser weiter verwalten möchte, und ich habe nach kurzem Überlegen zugesagt. Meine Mutter hat mich in dieser Entscheidung unterstützt. Sie ist ebenfalls froh, daß es weitergeht. Es ist ja die gleiche Arbeit, die ich vier Jahre lang erledigt habe, zwar leidenschaftslos, aber doch erledigt. Nur jetzt bin ich für alles selbst verantwortlich. Und die Arbeit ist bis zur Rente sicher, wenn ich sie zur Zufriedenheit erledige. Die Honorare reichen, um meinen Lebensstandard zu halten, die Wohnung und das Grundstück in Klosterfelde. Was will ich mehr? Und nun muß ich niemanden um Urlaubserlaubnis bitten, kann öfter nach Klosterfelde fahren, wenn es die Arbeit zuläßt. Somit ist auch eine neue Lebensqualität mit mehr Freiheit und Eigenständigkeit eingetreten.

Zwei Kollegen von mir werden das gleiche tun,

und wir werden in Verbindung bleiben, unsere Erfahrungen gegenseitig austauschen, uns beraten. Das zu wissen, tut gut, gibt mir Sicherheit, daß ich auch diese Arbeit schaffen werde. Fleiß und Disziplin haben mein Leben immer bestimmt. Das wird mir jetzt sicher zugute kommen.

Es geht also wieder weiter, immer noch voran. Und das ist gut so, denn man beginnt zu sterben, wenn man sich eingestehen muß: Nun kommt nichts Neues mehr.

Ich bin wieder einmal an einem Scheideweg angekommen und laufe los. Ich denke: Es ist der richtige Weg!

15. Juli 1998

18 Monate selbständige Hausverwaltung, die Einarbeitung in alle Aufgaben, hat doch wieder viel Kraft gekostet. Ich muß für meine Häuser alles alleine erledigen. Die Zeit für Klosterfelde und damit für Erholung war in diesen Monaten noch sehr knapp bemessen. Oft saß ich noch bis in die späte Nacht am Computer und erledigte die Schreibtischarbeit, weil die Zeit am Tag ausgefüllt war mit Terminen.

Heute hat meine Gesundheit einen mächtigen Dämpfer erhalten. Gleich am Morgen nach dem Aufstehen, nach einer kurzen, unruhigen Nacht, spürte ich, daß mit meinem Herzen etwas nicht in Ordnung war. Es war anders als sonst, wenn es nur laut schlug. Daran habe ich mich in all den Jahren schon gewöhnt. Der Arzt hat nach einem EKG Vorhofflimmern festgestellt.

Es ist also alles durcheinandergeraten. Ich hätte eher an mein Herz denken müssen, vorbeugend etwas zur Stärkung einnehmen müssen. Sicher, ganz davor bewahren hätte ich mich wohl nicht können, weil ich zuviel gelitten habe. Einen solchen Druck kann auf die Dauer wohl kein Herz aushalten. Seit meine Seele wieder schwingen kann, hat es zwar nicht mehr „geblutet", aber es erholte sich nur langsam, viel langsamer als meine Seele, und der Streß der letzten Monate hat die Gesundung nicht gefördert, sondern es im Gegenteil wieder stärker belastet. Ich muß Tabletten zur Stärkung nehmen und versuchen, zuviel Streß zu vermeiden, meinem Körper mehr Ruhepausen zu gönnen. Ich denke, das wird gehen, denn nun läuft es bereits viel ruhiger in meiner Hausverwaltung. Es hat sich inzwischen vieles „eingespielt".

19. Dezember 1999

Die Herzprobleme haben sich, auch dank der Medikamente, die ich täglich nehmen muß, nicht wiederholt. Meine Abwehrkräfte sind wieder in Ordnung. Dank der zusätzlichen Vitamine hatte ich schon lange keine Erkältung mehr. Ich versuche, viel Streß zu vermeiden. Vieles in der Arbeit ist zur Routine geworden. Mein Leben geht seinen ganz normalen Gang.

Als ich heute früh in meinem Waldhäuschen die Augen öffnete, dämmerte wieder so ein Wintermorgen herauf, so trüb und diesig, daß es schien, als wolle es niemals hell werden. Schon seit Tagen umschließt diese kalte Feuchtigkeit das Land, den Wald wie ein nasses Tuch. Nichts lockte, nach draußen zu gehen. Ich genoß das warme Bett, die Ruhe. Noch liegenbleiben, schöne sanfte Musik hören, sich dabei willenlos in einem Schwebezustand zwischen Schlafen und Wachen, in wunschloser Verträumtheit treiben lassen, das war wieder einmal Balsam für meine Seele. In solchen Momenten liebe ich es, allein zu sein. Nichts treibt mich, niemand erwartet oder will etwas von mir. Nur ich und mein Wohlbefinden sind wichtig.

Mir geht es gut, so gut, daß ich manchmal Angst habe, es könnte sehr schnell vorbei sein. Ich gestalte die Tage, wie ich es möchte, genieße jeden Tag, jeden auch noch so seltenen Blick in ein gutes Buch, die Natur, die Musik, das Tanzen. Ja, ich tanze morgens fast jeden Tag etwa 20 Minuten allein bei schöner

Tanzmusik. Ich brauche auch diese Musik – zum Schweben im Glück. Die klassische Musik brauche ich zum Träumen und zum friedvollen Leben, zum Streicheln meiner Seele, zum Erhalt meines inneren Friedens, zur Untermalung meiner Stimmungen. Was wäre zum Beispiel der Frühling ohne das „Frühlingsrauschen", der Sommer ohne den „Sommernachtstraum" von F. Mendelssohn-Bartholdy? Und mir würde etwas fehlen ohne die Volksmusikanten. Sie besingen die Schönheiten meiner geliebten Heimat, die Lebensfreude und das Leid der Menschen und damit auch mein Leben. Sie sind zum Bewahrer meiner geliebten schönen deutschen Muttersprache geworden. Wie soll ich sie da nicht lieben? Ich brauche all diese Musik, jede zu ihrer Zeit.

Ich habe es endlich geschafft, den Kummer auch aus meinem Gesicht zu vertreiben. Nun fühle ich mich auch „in meiner Haut" wieder wohl. Ich will nicht mehr „mit dem Kopf durch die Wand", nichts mehr um jeden Preis erzwingen. Ich bin offen auch für andere Möglichkeiten und Varianten und dadurch viel zufriedener, glücklicher, dankbarer, sind die Erlebnisse viel intensiver, spannender. Kein Tag ist wie der andere, jeder wie ein neues kleines Leben für sich.

Es kommt, wie es kommt, und ich werde es meistern, weil ich das Leben wieder liebe, noch mehr als vorher. Ich habe schon mit 41 Jahren begreifen müssen, wie vergänglich das Leben ist, und nicht erst im fortgeschrittenen Alter.

Weihnachten werde ich wieder mit meinen Geschwistern bei meiner Mutter verleben. Darauf freue ich mich schon sehr. Wir sehen uns noch immer viel zu selten. Leider! Aber ich bin so dankbar: Ich habe meine Mutter noch! Seit ich selbständig bin und ein geleastes Auto habe, kann ich öfter zu ihr nach Ilmenau fahren. Sie in die Arme nehmen zu können, das ist für mich jedesmal ein ganz großes Glücksgefühl. Alle meine lebendige Liebe gehört ihr, und was dann noch übrig ist, gehört meinen Geschwistern. Sie sind jetzt meine Familie.

3. Januar 2001

Ein neues Jahrtausend hat begonnen. Meine Mutter ist glücklich, daß sie es erleben darf. Und ich ertappe mich dabei, wie ich zurückdenke an eine Zeit, wo diese Jahrtausendwende ein noch so weit entferntes Ziel war. Sie ist viel zu schnell gekommen. Wo nur sind die letzten 18 Jahre geblieben?

Manchmal stelle ich mir vor, wie es wäre, wenn Kerstin in all diesen Jahren nur im Koma gelegen hätte, nun wieder die Augen öffnen und aus dem Fenster schauen würde. Zuerst würde sie sich wohl über die schönen Autos wundern, die überall am Straßenrand stehen, kein Trabant, kein Wartburg mehr. Und die überall ins Auge springende bunte Reklame, die neuen hellen Hausfassaden. Schon da würde sie sich wohl in eine andere Welt versetzt fühlen, eine buntere, luxuriösere. Ich würde sie voller Begeisterung an die Hand nehmen und sagen: Komm, ich zeige dir unser Berlin, unser altes und doch so neues, anderes Berlin, unser altes und doch so neues Land.

Manchmal bilde ich mir ein, sie sitzt im Auto neben mir, fährt mit mir über den Ku'damm, die Linden hinunter, die Friedrichstraße entlang und kommt aus dem Staunen nicht mehr heraus. Wie hat sich doch alles verändert in diesen Jahren nach der Wiedervereinigung unseres Vaterlandes. Ich muß mir eingestehen, daß ich selbst noch viel zuwenig von meinem Berlin und von ganz Deutschland gesehen habe. Immer keine Zeit, keine Zeit. Ich werde versuchen, es zu ändern!

27. Juni 2001

Ich leide heute mit Petra Schürmann. Sie hat ihre Tochter Alexandra bei einem Verkehrsunfall verloren. Weil ich weiß, wie sie sich jetzt fühlt, wie sie leidet, ist sie mir heute so nah wie kein anderer Mensch auf dieser Welt. Wir konnten beide nicht halten, was wir am meisten geliebt haben. Es ist mir ein ganz großes Bedürfnis, in dieser Hölle bei ihr zu sein, sie in die Arme zu nehmen und ihr zu versichern: Es gibt einen Weg hier raus. Er ist nur sehr, sehr lang und sehr schwer zu gehen, besonders für uns Mütter. Ich kenne ihn, werde ihn dir zeigen, dich ein Stück begleiten. Ich habe ihr heute einen langen Brief geschrieben und hoffe, daß er sie auch erreicht. Nichts wünsche ich mir heute mehr, als daß ich ihr damit wenigstens ein ganz klein wenig Mut machen kann.

Mir wird wieder einmal bewußt, wie vielen Müttern und Vätern es täglich genauso geht, wie viele den Tod ihrer Kinder täglich beweinen. Nur, sie sind für uns anonym. Aber haben sie deshalb weniger Mitleid verdient? Wer spricht ihnen Trost zu, nimmt sie in die Arme? Wer nimmt Anteil an ihrem Leid? Petra Schürmann ist bekannt. Die Zeitungen berichten darüber. Sie ist nicht alleine. Sie wird aufgefangen. Ich hoffe, sie bekommt die Hilfe, die sie jetzt dringend braucht, und nimmt sie auch an. Der liebe Gott möge ihr die Kraft geben, das durchzustehen.

25. Januar 2003

Ich bin wieder einmal in meiner „alten" Heimat, in Ilmenau. –

„Anmutig Thal! Du immergrüner Hain!
Mein Herz begrüßt euch wieder auf das Beste;
Entfaltet mir die schwerbehangnen Aeste,
Nehmt freundlich mich in eure Schatten ein,
Erquickt von euern Höh'n am Tag der Lieb' und
Lust
Mit frischer Luft und Balsam meine Brust! …
Melodisch rauscht die Tanne wieder,
Melodisch eilt der Wasserfall hernieder;
Die Wolke sinkt, der Nebel drückt ins Thal,
Und es ist Nacht und Dämm'rung auf einmal."

So, wie es J. W. von Goethe in seinem Gedicht „Ilmenau" ausgedrückt hat, empfing mich stets mein Zuhause. Heute empfinde ich nur eine tiefe, unendliche Trauer. Ich mußte für immer Abschied nehmen von meiner geliebten Mami. Ich wußte, daß ich sie irgendwann für immer verlieren würde und daß die Zeit immer näherrückte. Trotzdem, es ist viel zu früh! So wie es wohl immer viel zu früh ist, wenn uns ein geliebter Mensch für immer verläßt. Sie fehlt mir schon jetzt unbeschreiblich!

Noch im November und Dezember war sie mehrere Wochen bei mir in Berlin. Wir hatten eine schöne Zeit, waren schon eine Ewigkeit nicht mehr so lange zusammen. Es war ein ganz großes Geschenk, ein Geschenk des Himmels für uns beide. Das wird mir heute so richtig bewußt. Nach Weihnachten wollte sie jedoch wieder nach Hause. Nun mußte meine Schwester sie ins Krankenhaus bringen zur Einstellung der Zuckerwerte. Heute morgen rief sie an, daß es unserer Mutti nicht gutgeht, das Herz sehr schwach ist. Ich fuhr gleich los, aber leider kam ich wieder zu spät.

Meine Schwester empfing mich mit der traurigen Nachricht, daß sie vor kurzem verstorben ist. Ich hätte so gern ihre Hand gehalten, ihr meine Liebe und Wärme mit auf den letzten Weg gegeben. Sie lag noch im Krankenzimmer auf ihrem Bett. Meine Schwester und mein Schwager ließen mich allein mit ihr. So konnte ich in Ruhe meinen Abschied von ihr nehmen. Ihr Kopf lag leicht geneigt mit Blick auf das Fenster, auf unsere schöne Welt, einen klaren Wintertag, blauen Himmel, Sonnenschein, leichten Frost, wie zu Kerstins Geburtstag. Das muß ihr letzter Blick auf unsere Welt gewesen sein, als sich ihre lieben Augen zuerst zum Schlaf und dann im Schlaf für immer geschlossen haben. Ihr Herz ist einfach stehengeblieben. So einen Tod hatte sie sich immer gewünscht: einschlafen und nicht wieder aufwachen.

Ihr Gesicht zeigte den Moment des Todes, aber auch ihre Gedanken davor, und die müssen gut, friedlich gewesen sein. Vielleicht freute sie sich schon auf den nächsten Frühling, den wir wieder zusammen vorwiegend in Klosterfelde verbringen wollten.

Dieses sanfte Lächeln, diese Gelöstheit auf ihrem Gesicht hat mich überrascht und zutiefst berührt. Es gab mir die Gewißheit, daß sie im Frieden mit sich und der Welt für immer von uns gegangen ist.

Dieses liebe Gesicht war so klein, so zart. Es paßte in meine beiden Hände, mit denen ich es sanft umschloß. Es war nur ein wenig kühler als meine Hände, so als wäre sie gerade aus der frischen Luft von draußen ins Zimmer gekommen. Ich konnte kaum glauben, daß der Tod ein so schönes Gesicht haben kann. Während mir die Tränen über das Gesicht liefen, meine Hände liebevoll ihr Gesicht umschlossen, sagte ich ihr: Meine liebe, gute Mami, du hast mir so unendlich viel gegeben, alles, was dir möglich war. Wohin auch immer du jetzt unterwegs bist, geh in Frieden. Ich lasse dich los, ich werde dich immer lieben, in meinem Herzen wirst du immer bei mir sein. Und wenn du zu Kerstin gehst, dann nimm all meine Liebe und Wärme mit zu ihr. Ich möchte so gern glauben, daß wir uns dort, wo du hingehst, irgendwann einmal wiedersehen. Gott segne dich und sei mit dir!

Nun sind die drei liebsten Menschen, die ich hatte, nicht mehr bei mir. Ich fühle mich so verloren und so erwachsen. Jetzt bin ich kein Kind mehr, bin ganz oben auf der „Leiter" angekommen und damit dem Himmel ein Stück näher. Als ich erwachsen wurde, wollte ich nicht mehr als Kind behandelt werden. Und trotzdem gab mir das Kindsein auch eine große Geborgenheit, die ich nun verloren habe, seitdem da niemand mehr ist, den ich Mutter oder Vater nennen darf. Ich habe mit meinen Eltern soviel Unersetzbares verloren: Ihre allgegenwärtige Liebe, Güte, ihre Wärme, die mich durch mein Leben getragen haben, das Umsorgtsein, ihr Lächeln, ihr zärtliches Streicheln, ihre Umarmungen, ihren stets uneigennützigen Rat und ihre Hilfe. Wann immer ich sie gebraucht habe, waren sie für mich da. Sie fehlen mir so sehr.

Meine Liebe zu ihnen und zu meiner Kerstin ist stärker als der Tod. Er konnte mir das Liebste, das Beste, das Teuerste nehmen, das ich auf dieser Welt hatte, aber sie ewig zu lieben, das kann er mir nicht verwehren. Er konnte mir unsäglich weh tun, so sehr, daß ich bereit war, freiwillig mit ihm zu gehen. Aber dafür war ich noch nicht bestimmt. Ich mußte weiterleben und erhielt dadurch die Chance auf ein neues Leben danach. Ich habe akzeptiert, daß er mich noch nicht wollte. Dafür hat er mir nun auch sein erträglicheres Gesicht gezeigt: Das gelöste, friedliche, lächelnde, zufriedene, schöne Gesicht meiner Mutter im Tod, das ich nie vergessen werde.

Ich habe meinen Frieden mit dem Tod geschlossen und hoffe nur, daß er sich noch lange Zeit läßt, bei mir anzuklopfen. Ich habe keine Angst davor und wünsche mir, daß er, wenn es soweit ist, mit solcher Sanftheit auch zu mir kommt. Noch nicht jetzt, bitte noch nicht so bald. Ich möchte noch lange leben! Mit diesem inneren Frieden, dem Paradies in mir, dieser Genußfähigkeit und Dankbarkeit im Herzen möchte ich dieses neugewonnene Leben hier auf unserer Erde noch lange genießen.

31. Oktober 2003

20 Jahre sind seit dem Unglück vergangen. Der Vertrag mit dem Friedhof ist abgelaufen. Ich werde ihn nicht verlängern, weil ich für mich selbst eine anonyme Bestattung verfügt habe. Ich war also heute morgen das letzte Mal an Kerstins Grab. Es war schönes Herbstwetter: Sonnenschein, blauer Himmel, an dem einzelne kleine weiße Wolken ihre Bahn zogen. Beim vertrauten Gang über den Friedhof knackten Eicheln, raschelte das bunte Laub unter meinen Füßen. Es kam Wehmut auf.

In den ersten Wochen nach der Beisetzung zog es mich zum Friedhof. Später, in all den Jahren, habe ich ihn nicht besonders gemocht, weil es mir schwerfiel, eine Verbindung zu meinem Kind zu sehen. Sie war nie dort. Zu Hause war sie mir näher. Ich hatte meistens das Gefühl, das Grab für andere zu pflegen. Heute war es anders. Der leichte Wind wehte die Blätter vor mir her, begleitete mich bis zu ihrem Grab. Mir wurde bewußt, wie vertraut mir der Weg inzwischen geworden ist. Die Natur war auch hier mein ständiger Begleiter. In diesen 20 Jahren hat sich soviel verändert. Die einst kleinen Koniferen sind inzwischen fast drei Meter hoch, die anderen Bäume und Sträucher so stark gewachsen, daß kaum noch Durchblicke möglich sind.

Am Grab begrüßte mich eine Herbstzeitlose, die all die Jahre durchgehalten hat. Der Rosenstrauch stand noch so üppig, verdeckte fast die Sicht auf den Grabstein. Mit einem Streicheln über ihren Namen verabschiedete ich mich von diesem doch so vertrauten Ort. Ich hatte nicht das Gefühl, etwas von meinem Kind zu verlieren, denn sie ist in mir und damit immer bei mir. Sie ist immer in meinem Leben zu Hause.

Auf dem Rückweg noch ein Streicheln über das so liebenswert lächelnde, zarte Gesicht der kleinen Steinstatue. In diesen 20 Jahren ist mir sogar der Friedhof zu etwas Vertrautem geworden. Diese Besuche gehörten zu meinem Leben. Ich ging heute noch einmal den Weg, den ich unzählige Male vorher gegangen bin. Ich habe auf ihm so viele unsichtbare Spuren hinterlassen, würde man sie sehen, würden sie sich sicher meterhoch auftürmen. Es ist Zeit, andere Wege zu gehen, meine Spuren irgendwo anders zu hinterlassen. Die Blätter, die mich auf meinem Rückweg, im Wind vor mir hertänzelnd, begleiteten, wollten mir sagen: Sieh, hier ist Bewegung, hier ist Leben. Geh deinen Weg, den dir das Schicksal bestimmt hat. Diesen Weg hier werde ich sicher ohne Grund nicht mehr gehen. Aber er wird mir eine Weile fehlen.

Mir kam eine kleine Trauergruppe mit Kränzen und Blumen entgegen. Sie erinnerte mich an Kerstins Beisetzung. Es ist alles schon so lange her und doch wieder auch nicht, weil in meiner Erinnerung nichts davon verblaßt ist. 20 Jahre: Das ist vielleicht ein Viertel meines Lebens. Was bringen mir nun die nächsten Jahre? Ich gestehe, ich bin neugierig darauf, süchtig nach erfülltem Leben.

13. Juni 2004

Endlich habe ich den Königssee sehen und erleben dürfen, mit den Menschen, die mir am meisten bedeuten, mit meinen Geschwistern, meinem Schwager. Wieder ging einer meiner Träume in Erfüllung, weil ich die Hoffnung nie aufgebe. Die Fotos lügen nicht, aber die Wirklichkeit ist noch viel schöner. Nicht alles kann die Kamera einfangen.

Der Königssee mit seinen hell- bis dunkelgrün bewachsenen Hängen, die fast überall bis zum Ufer reichen, das Grau und Weiß der zum Teil noch verschneiten Berghänge des Watzmann, der blaue Himmel, all das spiegelte sich in der glatten Oberfläche des See wider. Sie gaben ihm eine in der Sonne schimmernde Farbe, die für meine Augen einmalig war, ein Gemisch von grau-blau-grün. Und diese Ruhe auf dem See. Ich empfand große Dankbarkeit für all die Menschen, die es geschafft haben, den See so naturbelassen zu erhalten, keine lauten Motorboote, keine Zerstörung der Ufer durch unkontrollierten Haus- und Hotelbau.

Mir stiegen beim Anhören der Trompetenklänge des Echobläsers an der Falkensteiner Wand vor Rührung die Tränen in die Augen. Das Echo klang wirklich „so hell, so klar, so rein", traf meine Seele voll. Und diese Durchblicke zum Obersee, zum Malerwinkel und dann auf St. Bartholomä mit dem Watzmann dahinter! Mein Gott, ist dieses Fleckchen Erde schön, möchte man beglückt ausrufen.

Es ist, als ob die Berge ihren See liebevoll umschlingen, ihn beschützen vor zuviel Trubel, nicht freigeben für Zerstörung und Mißbrauch. Der Mensch ist hier ganz klein, unwichtig. Er hat keine Wahl: Entweder er fügt sich ein in diese herrliche Natur, dann darf er sie in ihrer Stille, ihrer Einmaligkeit genießen, oder er muß gehen, hat am See keinen Platz, wird nicht geduldet. Alles war für mich ein wundervolles Erlebnis, viel schöner, als ich es mir je erträumen konnte.

Mein geliebter Bruder hat mir, uns dieses Erlebnis ermöglicht. Dieses und viele andere auch, denn wir sind nach dem Tod unserer Mutter noch viel enger zusammengerückt, verbringen jedes Jahr gemeinsamen Urlaub. Das haben wir früher nie getan. Meine Geschwister, mein Schwager sind mir näher als je zuvor. Wie würden sich unsere Eltern darüber freuen! Wir waren auch zusammen am Lago Maggiore, auf Ischia. Ich freue mich auf jedes weitere Zusammensein wie ein kleines Kind. Es ist eine große Bereicherung meines neugewonnenen Lebens, die ich nie mehr missen möchte, auch deshalb, weil uns die weihnachtliche Tradition, in Familie zu feiern, wohl verlorengegangen ist.

4. September 2004

Mein Geburtstag! Ich kann mich nicht erinnern, ihn jemals so nachklingend, so schön erlebt zu haben wie heute. Ich liebe diesen Monat schon immer, seine unwirkliche Stimmung zwischen Sommer und Herbst. Oft scheint die Sonne im Dunst, die Natur wirkt so ruhig, so unberührt, nicht mehr ganz wach und doch noch nicht schlafend, im ersten Leuchten des nahenden, schon zu erahnenden Herbstes. –

> „Im Nebel ruhet noch die Welt,
> noch träumen Wald und Wiesen;
> Bald siehst du, wenn der Schleier fällt,
> den blauen Himmel unverstellt,
> herbstkräftig die gedämpfte Welt
> in warmem Golde fließen",

schrieb Eduard Mörike in seinem „Septembermorgen".

Heute meinte es die Sonne noch einmal richtig gut, so als wäre man noch im Hochsommer und nicht bereits im September. Sie schien warm, aber nicht zu warm. So wie ich es liebe, so, wie ich mich besonders wohl fühle. Ein Geschenk des Himmels für mich.

Ich fühle mich heute so reich, denn das größte Geschenk war für mich, daß ich meinen Geburtstag mit Freunden verbringen durfte. Meine ehemaligen Kollegen sind mir in dieser Zeit des ständigen Austausches, der Begegnungen und Telefonate zu wirklichen Freunden geworden, zu meinen Freunden! Freundschaften müssen wachsen, brauchen Zeit. Wir hatten alle Zeit der Welt in den letzten Jahren. Irgendwann hatte ich dann das beglückende Gefühl:

Ich möchte diese Menschen nie mehr verlieren, nie mehr verzichten auf ihren Rat, den Austausch mit ihnen, möchte immer dasein für sie, wenn sie mich brauchen, möchte ihnen alles mitteilen, meine Wünsche, Träume, meine geheimsten Gedanken. Wenn ich immer öfter das Bedürfnis habe anzurufen, mit ihnen zu reden, keine Lust habe aufzulegen, weil es doch noch soviel zu reden gibt über „Gott und die Welt" und ich mich nach dem Auflegen irgendwie lockerer, befreiter fühle, angespornt, mich wieder in den Alltag zu stürzen, dann habe ich mit wirklichen Freunden gesprochen. Ihr Wohl ist mir wichtiger als mein eigenes, als vieles andere auf der Welt. Wenn sie glücklich sind, dann strahlt es auch auf mich aus. Es ist gut zu wissen, daß wirkliche Freunde ähnlich empfinden, daß sie Mitgeteiltes bewahren wie ein kostbares Gut, daß auch sie für mich da sind, wenn ich sie brauche. Eine Liebe kann so schnell vergehen, aber eine Freundschaft bleibt bestehen. Sie ist ein kostbares Gut, das es zu bewahren gilt. Ich weiß, wenn man Freunde verliert, dann hat man ein Stück von sich selbst verloren. Ich werde alles dafür tun, diese Freundschaften zu erhalten.

Ja, ich war heute unbeschreiblich glücklich und bin es auch jetzt noch. Wenn ich darüber nachdenke, dann kann ich feststellen, daß die glücklichsten Momente in meinem Leben nichts, wirklich nichts mit Geld zu tun hatten. Glück ist nicht käuflich! Ich bin glücklich, wenn ich mit meinen Freunden, mit meiner „Familie" zusammensein kann, berauschende Momente in der Natur erleben darf, mit offenem Auto durch unsere schönen Brandenburger Alleen fahren und dabei meine geliebte Musik hören kann. Ich empfinde unbeschreibliches Glück am Lagerfeuer, die Sterne am Nachthimmel über mir, oder dabei, mich einfach auf den Waldboden fallen zu lassen, das weiche Moos unter mir zu spüren. Ich erlebe die vielen kleinen Glücksmomente jeden Tag nun viel bewußter und genieße sie mit allen Sinnen. Ich lebe den inneren Frieden in mir und schaffe mir meine Oasen des Friedens selbst, überall, wo ich es will.

11. Dezember 2004

Wie ungewöhnlich: Rosen blühen noch im Dezember! Heute nacht der erste Frost in diesem Winter: minus 2° C. Die Kronen der Kiefern, wie mit Puderzucker bestäubt, weiß bereift recken sie sich in den blauen Himmel, hier unten ruhiges, trockenes Wetter. Die aufsteigende Sonne taucht die Landschaft in ein helles Licht. Sie dringt jetzt auch dort durch, wo sonst Blätter den Weg versperren. Die Rosen haben auch nach dieser Nacht nichts von ihrer Schönheit, ihrem Zauber verloren. Im Gegenteil: Die Blüten sehen aus wie rosafarbiges mattes Glas, so zerbrechlich und zart, wie eingefrostet, einfach wunderschön.

Den Bungalow habe ich weihnachtlich geschmückt. Morgen ist der 3. Advent. Weihnachtliche Musik erfüllt den Raum. Die Pyramide dreht sich, am Schwippbogen brennen die Kerzen, der Schein der Kerzen läßt den Glasschmuck bunt leuchten. Unsere thüringer und erzgebirgischen Weihnachtsbräuche: Ich lebe sie mit Begeisterung – auch und gerade jetzt, wo wir Weihnachten nicht mehr traditionell in der Familie zusammen feiern. Ich kann mich dem Weihnachtszauber, dem flackernden Kerzenschein, der den Raum und mein Herz erwärmt, einfach nicht entziehen.

In die Vorbereitungen auf das Fest mischt sich bei mir immer noch das Gefühl oder besser die Freude auf das Wiedersehen, auf die Fahrt nach Ilmenau, durch die schöne Thüringer Landschaft, mal bei Schnee, mal bei Sonnenschein, ohne Hektik, mit weihnachtlicher Musik im Auto. Dieses Gefühl ist noch immer ganz tief in mir. Heute weiß ich, daß es ein großes Glücksgefühl war, das ich noch nicht missen kann. Ja, mir fehlt das alles, und besonders zum Weihnachtsfest fehlen mir meine Eltern sehr.

Ich dachte immer, es müßte schön sein, Weihnachten einmal ganz anders zu feiern, in den „eigenen vier Wänden", oder sich irgendwo verwöhnen zu lassen. Nun kann ich das und sehne mich doch nach dem Vergangenen zurück. Ich bin und bleibe ein Kind meiner Eltern und durch sie geprägt. Auf diese Tradition verzichten zu müssen, bedeutet für mich auch Verzicht auf ein Stückchen von mir selbst. Der Tod dieser drei lieben Menschen hat ein großes, nicht zu stopfendes Loch in unsere Familie gerissen.

Letztes Jahr habe ich Weihnachten in meinem Waldhäuschen mit einem mir sehr nahestehenden Mann erlebt. Dieses Jahr werden wir nun Weihnachten und den Jahreswechsel, für mich das erste Mal, in einem Hotel, und zwar im „Meerlust" in Zingst auf dem Darß, erleben. Wir kennen das Hotel, die liebenswerten Menschen dort, alles ist uns vertraut. Ich freue mich sehr auf diese Tage mit ihm in schöner Umgebung.

10. Januar 2005

Ich habe mir die Ostsee, besonders den Darß, Deutschlands schönste Halbinsel, das Land zwischen Bodden und Meer, wieder neu erschlossen, erlebe es anders als vorher. Nichts ist mehr so, wie es einmal war, auch dort nicht, weil sich nicht nur die Insel, sondern auch ich selbst mich verändert habe, mit anderen Augen auf dieses schöne Fleckchen Erde schaue. Ich habe nun in Zingst einen Ort gefunden, wo ich wieder sehr glücklich sein kann, anders als mit meiner Tochter in Prerow. Ich war 2003 und 2004 nun schon dreimal zusammen mit ihm dort, immer im gleichen Hotel, und wir haben sehr schöne Stunden erleben dürfen. Ob es von Dauer sein wird, wissen wir beide nicht. Diese Frage ist nicht aktuell. Wir leben und genießen unsere gemeinsame Zeit und fragen nicht nach dem Weiter und Nachher. Und manchmal, wenn man ganz großes Glück hat, wird ja auch eine tiefe Freundschaft daraus, die ein Leben lang hält.

Manchmal muß man etwas verlieren, um es dann wieder neu entdecken zu können. Ich war viele, viele Jahre nicht mehr auf dem Darß. In Prerow und Zingst ist alles anders als vorher. Die Orte, die ganze Halbinsel haben sich vortrefflich herausgeputzt. Das Meer und der Wind haben am Strand, an den Dünen geleckt, alles verlagert, verändert. Die Vertiefungen in den Dünen, in denen all die Jahre unsere Zelte gestanden haben, hat der Wind verweht. Es gibt andere, unbekannte, so wie sich wohl alles auf unserer Erde in ständiger Bewegung, Veränderung befindet. Nur der in sich ruhende Bodden, das Geschnatter der Wasservögel, die Möwenrufe vom Strand, das Meer und der Wind scheinen immer gleich zu sein, mal ruhig, mal aufgebracht, mal stür-

misch stark, mal sanft verspielt. Wind und Wasser
scheinen sich „zu einem Liebespaar auf Ewigkeit"
vereint zu haben. Auch die Luft und der Geruch ändern sich nicht. Hat man ihn einmal in der Nase,
bleibt er dort, als etwas Unvergeßliches, wunderbar
Vertrautes.

Wer einmal hier war, der kommt immer wieder.
Vielleicht auch, um diesen Geruch und diese herrliche Luft immer wieder tief in sich hineinzulassen,
sich zu erfrischen auf einmalige Weise, sich von innen her zu reinigen.

Ich bin mir sicher, ich werde immer wiederkommen.

21. April 2005

Der Tag begann heute wieder mit leichter, beschwingter klassischer Musik. Klassik-Radio ist inzwischen zu einem ständigen Begleiter, zu meinem
Gruß am Morgen geworden. Wenn diese Musik
erklingt, dann kann ich nicht anders, begrüße ich
jeden Tag mit Freude im Herzen, mit großer Dankbarkeit. So möchte ich noch lange leben, Tag für Tag,
Jahr für Jahr. Ich möchte nicht einfach nur „Jahre an
mein Leben hängen", sondern die bleibende Zeit mit
viel Leben, möglichst Schönem füllen, also „Leben
an die Jahre hängen". Ich hoffe, Gott gibt mir diese

Zeit, jetzt wo ich ihn wiedergefunden habe. Ja, ich brauche ihn, um jemandem Dank sagen zu können, wenn es mir gutgeht, und um Hilfe zu bitten, wenn ich sie dringend brauche. Mein Schicksal anzunehmen und auf Gutes zu hoffen und zu vertrauen, an meine eigene Kraft zu glauben, auch das hat mir Gott wieder nähergebracht. Im Vertrauen und in Liebe zu ihm lege ich mein Schicksal auch in seine Hände. Ich bin bereit, egal, was kommt, ich werde es meistern.

Die Jahre, meine Jahre haben sich wie Perlen einer Kette aneinandergereiht. Eine solche Lebenskette ist nicht lang. Was sind schon 80 oder vielleicht 90 Perlen? Ich spüre immer deutlicher, daß unser Dasein hier auf Erden nur von kurzer Dauer ist. Deshalb bin ich für jeden Tag dankbar, den ich gesund genießen darf.

Ich habe meinen „Traummann", mit dem ich den Rest meines Lebens zusammen verbringen möchte, noch nicht gefunden. Aber das ändert nichts an meinem neuen Lebensgefühl, meiner Lebensfreude, meiner Genuß- und Liebesfähigkeit. Die Liebe zu einem Partner ist das eine Glück. Wenn man von Liebe spricht, denkt man immer zuerst daran. Aber es gibt soviel mehr zu lieben: Meine Tochter liebe ich noch immer, meine Geschwister, meine Freunde, meine Musik, unsere schöne Welt, besonders meine Heimat, die wunderbare Natur. Wenn uns der Herrgott auch aus dem Paradies vertrieben hat, so hat er uns doch ein Stück davon mitgegeben für unser Leben hier auf der Erde. Was wir daraus machen, liegt ganz an uns. Ich trage dieses Paradies in mir, es kann mir niemand nehmen. Deshalb ist mein Leben reich, ich bin glücklich auch ohne Partner. Wenn es mir vom Schicksal vorbestimmt ist und der liebe Gott es will, dann werde ich meinen Traummann noch finden, werden sich unsere Lebensbahnen kreuzen. Wenn nicht, dann sollte es nicht sein.

An die Liebe auf den ersten Blick glaube ich nicht, aber an ein einzigartiges Gefühl, an große Sympathie, an eine unwiderstehliche Anziehungskraft, das Gefühl, auf einer Wellenlänge zu liegen, „sich gut riechen zu können", und das auf den ersten Blick. Liebe muß sich entwickeln, aus gemeinsamen Interessen und damit verbundenen gemeinsamen Erlebnissen, aus dem Wunsch, dem Partner freiwillig ganz nah sein zu wollen, ohne ihn sich verlassen zu fühlen und trotzdem zwei eigenständige Personen zu bleiben, mit der Freiheit, sich immer wieder neu entscheiden zu können für den Partner, und das von beiden so empfunden. Wenn das zutrifft, dann, glaube ich, ist aus anfänglich großer Sympathie Liebe geworden. Ich würde mich so gern einmal auf ein so großes, beide beglückendes Gefühl einlassen, mein ganzes

Herz einbringen wollen in eine so große Liebe. Ich möchte noch einmal lieben und geliebt werden. Aber wer möchte das nicht? Vielleicht erwarte, verlange ich auch zuviel? Aber gewiß nicht mehr, als ich selbst zu geben bereit bin. Die sogenannte „Liebe auf den ersten Blick" ist meistens nur ein Rausch, der wie ein Rausch auch sehr schnell wieder vergehen kann, weil die Gemeinsamkeiten entweder nicht ausreichten oder gar nicht wirklich vorhanden waren. Dann ist es besser, sich zu trennen, als seine Persönlichkeit aufzugeben, seine Würde zu verlieren. Da es für Liebe nie zu spät ist, hoffe ich weiter und vertraue auf meine Schicksal.

15. Juni 2005

Ich habe soeben eine Reise nach Ägypten gebucht: sieben Tage Nilkreuzfahrt und sieben Tage Baden im Roten Meer vom 22. Dezember dieses Jahres bis zum 5. Januar 2006. 14 Tage Ägypten – Land der Pharaonen! Als ich das Angebot las, wußte ich sofort, diese Reise werde ich buchen, ich muß dorthin fliegen. Es war wie ein Ruf aus der Ferne. Eine innere Stimme ließ mir keine Wahl. Ich werde reisen, allein und doch nicht allein. Meine Kerstin wird bei mir sein. Mir ist, als erfüllte ich ihr einen sehnlichen Wunsch und mir eine wunderbare, durch nichts zu ersetzende unvergeßliche Nähe im Erleben durch sie und mit ihr. Ich habe mich noch nie so sehr auf eine Reise gefreut.

7. Januar 2006

Es waren einmalige unvergleichlich schöne Erlebnisse! Ich konnte eintauchen in das Leben der Menschen in Ägypten zur Zeit der Pharaonen und teilhaben an ihrem Leben heute. Es war mir nichts fremd. Ich habe diese Menschen lieben gelernt, ihre Kultur, ihre Lebensweise, ihre Herzlichkeit und besonders auch ihren Stolz. Ich habe mich so wohl, so unbeschwert, so glücklich gefühlt in diesem Land, wie angekommen, als hätte ich etwas gefunden, das ich lange gesucht habe.

Während der Fahrt auf dem Nil, dem Besuch des Tals der Könige und der Memnonkolosse in Theben-West, der Besichtigung des Terrassentempels von Deir El-Bahari, des Sonnengott-Tempels und Kom Ombo in Edfu, des Philae-Tempels, der Felsentempel von Abu Simbel und der Tempelanlage in Luxor war mir meine Kerstin oft näher als im Leben selbst, so nah wie schon lange, lange nicht mehr. Ich konnte sie spüren, „hautnah" bei mir. Und das machte mich ruhig und glücklich. Ich glaube, dort begriffen zu haben, was sie so sehr an der Geschichte und besonders der Archäologie geliebt hat. Oft glaubte ich, sie erklärt mir stolz, begeistert und motivierend, mit dem für sie typischen Lächeln und glänzenden Augen, was ich vorher nicht gekannt habe, wofür ich mich vorher nie so intensiv interessiert habe.

In der Tempelanlage von Karnak, während der Sound & Light Show, saßen wir am Ufer des bereits zur Zeit der Pharaonen künstlich angelegten Sees und lauschten den Klängen altägyptischen Lebens. Mir war, als ob die Toten (und damit auch meine Kerstin) zu uns gesprochen haben. Mir liefen die Tränen über das Gesicht. Es war mir nicht möglich, diese zu unterdrücken, und ich war froh, daß es dunkel war und niemand sie sehen konnte. Es war wie ein Seufzen ganz tief in mir, aus tiefstem Herzen, nicht unglücklich, nur gefangen im intensiven beglückenden, direkten Erleben des unvergeßlichen, einmaligen Augenblicks.

Wenn es wahr ist, daß der Geist der Pharaonen in ihren Tempeln und Stätten noch immer gegenwärtig ist, dann ist mir an diesem Abend die „Königin der Freiheit" sehr nah gewesen. Sie soll sehr oft am See in Theben (heute Luxor) gesessen und Tränen der Trauer um ihren Mann und ältesten Sohn geweint haben, die bei den Kämpfen um die Freiheit Ägyptens ums Leben kamen. Meine Tränen haben sich an diesem Abend seelenverwandt mit den ihren vereint. Sie hatte damals das gleiche Inferno von Sternen und den gleichen Mond über sich am wundervollen Sternenhimmel über Ägypten. Dort hat sich, für uns sichtbar, kaum etwas verändert in den unvorstellbar vielen Jahren, die inzwischen vergangen sind. Es sind wohl auch nur ein paar Sandkörnchen im Getriebe der Weltgeschichte, in der Geschichte des Universums.

Ägypten wird immer in meiner Erinnerung bleiben, unvergeßlich, bewegend, beeindruckend.

8. Januar 2006

Es sind heute die letzten Eintragungen in mein geliebtes Tagebuch, das mich so viele Jahre begleitet hat, mir „zugehört" hat, in dieser Zeit zu einem Stück von mir selbst geworden ist. Es ist ein Abschied wie von einem guten Freund. Aber es hat seinen Zweck erfüllt, sich erschöpft. Es ist alles gesagt, ein wenig so wie bei einem Arzt: Was soll er noch tun, wenn der Patient wieder gesund ist?

Wieviel Liebe habe ich auch heute noch in meinem Herzen für sie, meine Kerstin, mein Kind! Wenn sie heute noch leben würde, es wäre der Himmel auf Erden. Sie wäre heute 40 Jahre alt. Etwa so alt, wie ich war, als sie für immer von mir gegangen ist, an jenem 3. November 1983. Wirklich verloren habe ich sie nie.

In all den Jahren ist alles ohne mein Kind, ohne meine Eltern weitergegangen. Ich habe so oft einen Jahreswechsel erlebt, den sie nie gesehen haben. Ich bin Menschen begegnet, habe Freunde gewonnen, die sie nie gekannt haben, ich habe ihre Geburtstage erlebt, ohne sie. Aber ihr Wesen, ihr Einfluß auf mich und mein Leben sind mir erhalten geblieben. Dafür bin ich unendlich dankbar.

Der Tod meines Kindes, die jahrelange Auseinandersetzung mit Kummer und Leid und der damit verbundene kräftezehrende Kampf gegen drohende Depressionen, gegen Lebensverneinung und das Ringen um neue Lebensfreude hat mich zu einer Gefühlstiefe geführt, die ich mir selbst nie zugetraut hätte, die ich ohne diese leidvolle Lebenserfahrung nie erreicht hätte. Diese schmerzvollen Ereignisse in meinem Leben haben mich bis tief in mein Innerstes erschüttert, gleichzeitig Kräfte in mir geweckt, die bis dahin verschüttet lagen, einem aufgewühlten Meer gleich, welches alles in sich in Bewegung bringt, oft bis auf den Grund, und das Unterste nach oben kehrt. Danach beruhigt und glättet es sich wieder, tritt Stille und Frieden ein.

So erging es auch mir: Schmerz und Kummer haben sich relativiert, Liebe und damit Glück und Freude und Genußfähigkeit haben mein Leben wieder ins Gleichgewicht gebracht, ihm wieder einen

Sinn, einen neuen Sinn gegeben. Ich bin viel empfindsamer geworden, harmoniesüchtig, sehr verletzlich, sensibler, aber gleichzeitig auch viel stärker, viel lebendiger. Ich bin zu einer Vorstellungstiefe gelangt, kann Empfindungen und Gedanken in Worten ausdrücken, kann lieben und tanzen wie nie *vorher*.

Ich weiß jetzt, wer nicht wirklich gelitten hat, kann auch nicht wirklich spüren, welche kleinen Begebenheiten oft schon großes Glück sind. Ich brauche sowenig, um jeden Tag aufs neue glücklich zu sein. Die Zeit heilte nicht alle Wunden, manche brechen immer wieder auf. Aber sie lehrte mich auch, mit diesem Verlust noch tiefgründiger, erfüllter zu leben. Selbst in den ersten Wochen und Monaten *danach*, als ich glaubte, daß mein Leben allen Sinn verloren hat, daß es ohne mein Kind nicht weitergehen kann, habe ich die Hoffnung doch nie ganz aufgegeben auf ein *Danach,* habe ich nichts wirklich Endgültiges unternommen, mein Leben zu beenden. So glaube ich heute, daß ich mich eigentlich immer stellen wollte, daß ich kämpfen wollte, daß Aufgeben keine Lösung für mich war. Jeder überstandene Tag war ein Sieg über mich selbst, ein Gewinn, ein Schritt in ein neues Leben ohne *sie*. Und dieses „neue" Leben ist heute für mich wie ein großes Wunder, welches ich leben darf. Ich bin so dankbar für diese neugewonnene Lebensqualität, süchtig nach noch vielen

Jahren erfüllten Lebens. Ich wünschte, ich könnte die Schnellebigkeit unserer Zeit aufhalten, die vielen Glücksmomente, die kleinen Wunder meines Lebens im Zeitlupentempo erleben, damit ich sie voll auskosten, mich satt sehen und satt erleben kann.

Wen Gott liebt, den prüft er angeblich am meisten, damit er alles aus sich herausholt, was sonst verborgen bliebe. – So gesehen, sosehr dieser Gedanke auch schmerzt, besteht der tiefere Sinn des viel zu frühen Todes meines Kindes wohl darin, daß er mir geholfen hat, mich selbst besser zu erkennen, mir meiner Kräfte bewußter zu werden, meine eigene Identität noch besser zu finden, bis auf den *Kern meines Ichs* zu stoßen. Sollte ich Gott oder dem Schicksal dafür dankbar sein? Ja, ich bin ihm dankbar, daß er mir geholfen hat, mir eine neue Chance gegeben hat, wieder ohne diese seelischen Schmerzen und den Kummer glücklich und erfüllter als vorher zu leben. Aber der Preis dafür war zu hoch, viel zu hoch! Freiwillig hätte ich ihn nie gezahlt. Eher hätte ich mein Leben für das meiner Tochter gegeben, denn sie war mein Kind, mein Fleisch und Blut, ein Teil von mir selbst, und man zerreißt sich nicht selbst. Mit ihr ist auch ein Teil von mir gestorben, aber ein anderer Teil in mir ist zum Leben erwacht! Sie mußte sterben, damit ich neu, anders, bewußter, tiefgründiger leben kann. Es war mir nicht vergönnt, ich hatte keine Chance, keine Gelegenheit, mich für mein Kind zu opfern. Aber es war ihr Schicksal, es, wenn auch unbewußt, für mich zu tun.

Nur der Himmel kennt meine Tränen, die ich noch heute bei dieser Erkenntnis weine!